Orbis

NOSTRADAMUS

AUSBLICK IN DAS NÄCHSTE JAHRTAUSEND

DIE PROPHEZEIUNGEN BIS 2016

PETER LORIE

Astrologische Beratung DR. LIZ GREENE

Orbis Verlag

Titel der englischen Ausgabe:
NOSTRADAMUS – THE MILLENIUM & BEYOND

Genehmigte Sonderausgabe 1998 Orbis Verlag für Publizistik GmbH, München

Übersetzung: Mag. Susanne Ofner, Wien
Lektorat: Mag. Susanne Spreitzer, Wien
Herstellung: Mohndruck Graphische Betriebe GmbH, Gütersloh
ISBN 3-572-00860-3

Inhalt

Astrologische Einführung

STEINBOCK

Rechts *~ Grundlage der „Himmelswissenschaft" war stets die menschliche Phantasie. Zur Darstellung der Erde und des Himmels darüber wurden mythologische Vorstellungen, sehr oft in Verbindung mit kunstvoll gestalteten Karten, herangezogen. Die Karte gegenüber zeigt „Die Nordhalbkugel und ihren Himmel", sie wurde 1660 im „Atlas Coelestis seu Harmonia Macrocosmica" von Andreas Cellarius erstmals veröffentlicht und ist eines der schönsten Beispiele für die Himmelskartographie nach der kopernikanischen Wende. Der Atlas enthält Karten auf der Grundlage des ptolemäischen Weltsystems und der Erkenntnisse verschiedener Astronomen, die Galileis Teleskop benützten. Astronomie und Astrologie waren keine getrennten Wissenschaften.*

Vorhersagen sind auch unter den günstigsten Umständen riskant – ob sie nun von einem Wirtschaftsexperten des 20. oder einem Astrologen/Hellseher des 16. Jahrhunderts stammen. Die Meinungsumfragen, aus denen das Ergebnis von Präsidentschafts- oder Parlamentswahlen ermittelt wird, können ebenso fehlerhaft sein wie die höchst rätselhaften Sprüche des Orakels von Delphi. Aber wenn sie auch seltsam und wenig eindeutig wirken, so haben Weissagungen durch Propheten doch eine lange, ehrwürdige Tradition. So handelte es sich beispielsweise um eine Prophezeiung auf der Grundlage von Vision und Astrologie, mit der die Geburt Christi angekündigt wurde.

Wir wissen wenig darüber, wie Wahrsagerei funktioniert. Manche Propheten scheinen durch intuitives Kombinieren gegebener Tatsachen und bekannter Trends zu ihren Deutungen zu gelangen. Andere haben offenbar ohne eigenes Zutun Visionen, wobei sie zumindest vorübergehend verrückt wirken. Manche erfahren die Zukunft aus Träumen. Andere befassen sich aktiv mit einer Lehre, die wir gern als Magie bezeichnen – sie umfaßt verschiedene psychische Methoden, vor allem bestimmte Rituale, mit denen das Tor zum Unbewußten geöffnet wird. In der Geschichte gab es auch immer Menschen, die sich mit der sogenannten Mantik befaßten, mit der Weissagung durch Beobachten des Vogelflugs oder aus Runen, durch Werfen von Münzen oder Schafgarbenstäbchen, Kartenlegen oder die Deutung der Bewegungen von Sonne, Mond und Planeten in den Sternzeichen. All diese Wahrsagemethoden gründen auf dem Prinzip der „Synchronizität". Das heißt, das Leben ist ein Gebilde aus Organismen und spiegelt sich zu jeder Zeit in den einzelnen Teilen wider, auf einer bestimmten Ebene verkörpern die Einzelteile die besondere Bedeutung eines Zeitpunkts.

MISPHÆRI
OREALE
PHÆRIO
UM ST
CVM SU
TERR
Cepheus
Andromeda
Cassiopeia
Draco
Ursa minor
Ursa maior
Coma Berenices
Cancer
GEMINI
CANCER
Canis minor
Æquinoctialis
Monoceros
Unicorn
Canis maior
Virgo

Für Vorhersagen für die ganze Welt, wie sie Nostradamus machte, muß man „aus dem eigenen Körper austreten" und die verborgenen Bewegungen und Strukturen der kollektiven Psyche von der Person losgelöst sehen können. Interpretationen solcher Visionen sind jedoch unzuverlässig. Auch wenn die Symbolbilder völlig richtig sind, kann man sie auf verschiedensten Ebenen deuten. Ein Erdbeben kann tatsächlich auftreten, Häuser zerstören und Städte in ihren Grundfesten erschüttern. Es kann aber auch eine Erschütterung der wirtschaftlichen Grundfesten eines Landes, also eine schwere Krise symbolisieren. Mit dem Auftreten des Antichrist, wie er in der religiösen Literatur des Mittelalters beschrieben wird, können die Taten eines besonders böswilligen Menschen gemeint sein, durch die viel Schaden angerichtet wird. Der Antichrist kann aber auch ein Bewußtseinszustand sein, wie Goethe es in der Gestalt des Mephistopheles ausführt, die Verkörperung des Negativen, von Haß, Hoffnungslosigkeit, Selbstbetrug und Feigheit, die Hölle auf Erden, die nicht weniger trostlos ist, als man sich die Hölle im Jenseits vorstellt.

Wir wissen, daß Nostradamus neben seinen hellseherischen Fähigkeiten auch die Astrologie heranzog, um seine Vorhersagen für die Zukunft zu formulieren. Bei den meisten Deutungen seiner Prophezeiungen wird allerdings Nostradamus' astrologisches Wissen nicht berücksichtigt, obwohl es die große Treffsicherheit seiner Vorhersagen erst ermöglichte; die Sehergabe allein hätte dazu nicht ausgereicht. Meist lassen die Deuter auch die wichtige psychologische Einsicht außer acht, daß Ereignisse sich im Gefühlsbereich statt in der Welt der Dinge abspielen können, im Inneren statt im Äußeren, im Hintergrund statt im Vordergrund; und auf welcher Ebene sie wie Ausdruck finden, hängt ganz wesentlich davon ab, auf welcher Ebene und auf welche Weise der Mensch sie wahrnimmt – je nach seinem eigenen Bewußtsein, seinem Charakter und auch seiner Entscheidung.

Die sogenannte Mundanastrologie befaßt sich mit den Planetenstellungen, die für Veränderungen auf der Ebene der Staaten, Regierungen und weltweiten Ereignisse stehen; sie basiert auf denselben Grundsätzen wie die persönlichen Horoskope. Die Astrologie befaßt sich nicht mit „schicksalhaften" Ereignissen. Vielmehr untersucht sie die typischen Konstellationen, die die Bedeutung einer bestimmten Zeit widerspiegeln. Das Geburtshoroskop eines Menschen ist keine Vorhersage eines konkreten Lebenswegs. Es gibt die wesentlichen Charakterzüge an, daher sieht man, wie dieser Mensch auf Heraus-

Das Weissagen war zu Nostradamus' Zeit eine angesehene Kunst, die durch verschiedene Quellen vermittelt wurde. Eine davon ist das Orakel von Delphi in Griechenland. Tausende suchten es auf, um Weisheit und Wahrheit zu finden.

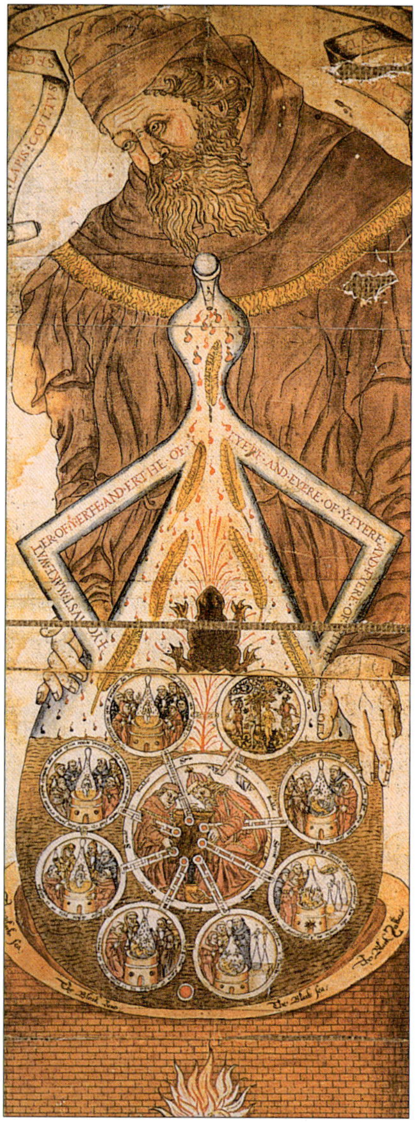

forderungen in der Regel reagieren wird. Man erkennt den natürlichen Zeitplan für diese Person, Zeiten des Wachstums und der Festigung, des Aufruhrs und Konflikts, der Ruhe und Produktivität. Seriös angewendet, befaßt sich die Astrologie mit dem Wesen einer Person und damit, wie sich dieser Mensch auf möglichst kreative Weise entwickeln und entfalten kann. So kann man sinnvolle Entscheidungen treffen und Entwicklungen, die für diesen Menschen oder seine Umgebung schädlich sind, zu vermeiden versuchen. Bei der Mundanastrologie geht man im Prinzip gleich vor, auch ein Staat hat einen bestimmten Charakter und bestimmte, vorgegebene Reaktionsmöglichkeiten, wenn Probleme auftauchen. Fähigkeiten und vorgezeichnete Konflikte kann man im Horoskop dieses Staates erkennen, ebenso die Zeiten, in denen Wachstum, Ausdehnung, Konflikte oder Krisen möglich sind. Wie eine Einzelperson eine Reihe psychischer Charakterzüge aufweist – etwa ein gewisses Aggressionspotential, das Bedürfnis nach Zuwendung, Führungsqualitäten oder Unternehmungsgeist, die Fähigkeit zu gewissen kreativen Leistungen sowie typische Schutzmechanismen zur Abwehr von Bedrohungen von außen, hat auch ein Staat bestimmte Eigenschaften, die sich an den Politikern und im Volk zeigen – ein Aggressionspotential, um Kriege zu führen, das Bedürfnis nach freundschaftlichen Beziehungen und Bündnissen mit anderen Länden, eine bestimmte Art der Staatsführung, die Fähigkeit zu bestimmten kreativen Leistungen und ein für ihn typisches Verteidigungssystem zum Schutz seiner Grenzen gegen Angriffe von außen.

Die astrologischen Deutungen in diesem Buch sollen die Deutungen von Nostradamus' Prophezeiungen ergänzen, erweitern und verständlich machen. Die Planetenkonstellationen, die unseren Weg ins nächste Jahrtausend widerspiegeln, bedeuten nicht das Ende der Welt, auch keine Massenvernichtung, durch die die gesamte Zivilisation ausgelöscht wird. Wie letztlich zu erwarten, stehen sie für eine spannende Mischung aus neuen Herausforderungen und alten Konflikten, neuen Krisen und alten Problemen, und sie bieten eine einmalige Chance, eine wirklich aufgeklärte Welt zu schaffen. Niemand, auch nicht Nostradamus, kann jedoch vorhersagen, auf welcher Ebene diese großen

JUNGFRAU

***Links** ~ Die Alchimie ist ein weiterer wichtiger Zweig der „Wissenschaft" des 16. Jahrhunderts. Heute haben wir kaum mehr einen Bezug dazu. Zu Nostradamus' umfassendem Wissen gehörten auch Kenntnisse alchimistischer Praktiken wie etwa jener, die der Mönch und Alchimist George Ripley im 15. Jahrhundert vollführte. Der Bildausschnitt gegenüber zeigt eine Lithographie, in der die acht Stufen der „Transmutation" veranschaulicht werden, durch die nach der damaligen Auffassung die Umwandlung der „imperfecten Metalle" zu „erleuchtetem Gold" erfolgte.*

Konstellationen Ausdruck finden werden. Ist der Große Prinz ein Mensch – oder steht er nur für die Fähigkeit, weise Entscheidungen zu treffen und die Selbsterkenntnis zu erlangen, die den Menschen und Nationen im 21. Jahrhundert zuteil wird? Ist mit der häufig vorkommenden „Seuche" AIDS gemeint? Oder ist sie eine Art Seelenkrankheit, an der heute viele Menschen leiden, die sich im trostlosen Einerlei eines sinnlosen Lebens gefangen fühlen?

Die Antwort auf die Frage, ob die Planetenbewegungen in der Zeit des Übergangs ins nächste Jahrhundert eine weltweite Katastrophe oder einen inneren Durchbruch bewirken, hängt vielleicht von uns selbst ab. Jede Gruppe besteht schließlich aus einzelnen Menschen. Das Geburtshoroskop eines Staates beschreibt zwar eine typische Ausprägung der Einstellungen und Verhaltensweisen, doch kann jeder einzelne seine eigene Wahrnehmungsfähigkeit und Urteilskraft in die Gemeinschaft einbringen. Es liegt an uns selbst, ob wir uns beherrschen lassen oder Herrschaft abschütteln; wir selbst sind es, durch die der Schrecken der Konzentrationslager oder die selbstgerechte Moral einer religiösen Elite möglich wird. Und Staaten können genauso wie Menschen Zeiten des Leidens erfahren und daraus reifer und mitfühlender hervorgehen.

Nostradamus' Prophezeiungen, die in diesem Buch vorgestellt werden, sind keine Vorhersagen einer vorbestimmten, unveränderlichen Zukunft. Sie bedeuten nicht, daß wir blind und ohnmächtig auf den Rand eines Abgrunds zugehen. Vielmehr spiegeln sie alte Wahrheiten über den Menschen wider – daß bestimmte ihm innewohnende Strukturen zwar nicht auszulöschen sind, man mit ihnen aber auf sinnvolle oder zerstörerische Weise umgehen kann, was wiederum von unserer Selbsterkenntnis abhängt. Letztendlich liegt es an uns, welche Zukunft wir uns schaffen, während wir uns auf den ungewissen Weg ins nächste Jahrtausend machen.

Dr. Liz Greene, Oxford, England
September 1992

Vorwort

Dr. Nostredame und der Weg in die Aufklärung

Oben ~ *Nostradamus*
Rechts ~ *Ohne den Einfluß und die Macht Katharinas von Medici, der Gemahlin Heinrichs II. von Frankreich, hätte Nostradamus zu Lebzeiten wohl nie soviel Ruhm erlangt. Katharina hielt zwar nach außen hin am katholischen Glauben fest, doch in ihren Privatgemächern in Paris praktizierte sie die „finsteren" Rituale der schwarzen Magie und der Hellseherei. Ihr Interesse an Nostradamus wurde durch dessen erfolgreiche Vorhersagen der Zukunft ihrer Familie geweckt, besonders wegen seiner Vorhersage von Heinrichs Tod drei Jahre vor dessen Ableben.*

Seine Körpergröße lag etwas unter dem Durchschnitt, er war von kräftigem Körperbau, behende und tatkräftig. Er hatte eine hohe, offene Stirn, eine gerade, ebenmäßige Nase und graue Augen, die meist freundlich blickten, doch zornig funkelten, wenn er erregt war; die Gesichtszüge waren zugleich streng und heiter und vermittelten so ein hohes Maß an Menschlichkeit; die Wangen waren auch noch im hohen Alter rosig, der Bart lang und dicht; er war (außer im Alter) gesund und kräftig, die Sinne waren sämtlich scharf. Er besaß einen regen Verstand und wußte rasch, was er wollte, ein Mann von scharfer Urteilskraft und erstaunlich gutem Gedächtnis. Er war von schweigsamer Natur, dachte viel und sprach wenig, zur rechten Zeit und am rechten Ort bewies er jedoch große Beredsamkeit. Weiters war er wachsam, flink, leicht reizbar und geduldig bei der Arbeit. Vier bis fünf Stunden Schlaf genügten ihm. Er hielt große Stücke auf die Redefreiheit, und sein Humor zeugt von Fröhlichkeit und Freude am Scherzen, aber auch von bissigem Spott. Er schätzte die Zeremonien der römischen Kirche und hielt am katholischen Glauben fest, da er überzeugt war, daß es ohne diesen keine Erlösung gäbe; seine schmerzliche Mißbilligung galt jenen, die sich aus dem Schoß der Kirche lösten, sich fremden, verdammenswerten Lehren hingaben, um deren süße Freiheiten zu kosten. Er versicherte ihnen ein unheilvolles, schlimmes Ende. Und ich will auch nicht verschweigen, daß er dem Fasten und Beten bereitwilligst zugetan war, gern Almosen gab und große Geduld bewies; er verabscheute das Laster und bestrafte es streng; ich erinnere mich, daß er großzügig, freigiebig und wohltätig zu den Armen war; er hielt sich stets an das Wort der Heiligen Schrift, daß man sich mit dem ungerechten Reichtum Freunde schaffen solle.

Jean-Aimé de Chavigny

Oben *~ Welchen Stellenwert Nostradamus seinen Mitmenschen einräumte, zeigt sich in seiner Tätigkeit als Arzt und an seinem Erfolg bei der Heilung der gefürchteten Beulenpest, die im 16. Jahrhundert in Europa wütete.*

Rechts *~ Hermes Trismegistus – das älteste bekannte Zeugnis von der Vorstellung der Synergie – daß alles auf der Erde eine Entsprechung im Universum hat – geht auf das 2. Jahrhundert n. Chr. zurück. Seine griechische „Smaragdene Tafel" trägt die Inschrift: „Was oben ist, ist gleich dem, was unten ist, und was unten ist, ist gleich dem, was oben ist, fähig, die Wunder des Einen zu vollbringen."*

Anfang des 16. Jahrhunderts gab es weder landesweite Zeitungen, noch konnte man im Fernsehen mitverfolgen, wie Menschen an der Beulenpest starben; Nachrichten wurden nur so schnell verbreitet, wie das schnellste Pferd laufen konnte, vielleicht um die 100 Meilen am Tag. Galt es dabei einen Fluß zu überqueren, dauerte es vielleicht Monate oder gar Jahre, bis man von einem Ereignis erfuhr. Und doch war der Prophet und Arzt Michel de Nostredame (besser bekannt unter dem lateinischen Namen Nostradamus) in der ganzen europäischen Welt bekannt. Er gehörte zu den außergewöhnlichsten Persönlichkeiten seiner Zeit, einer Zeit radikaler Umwälzungen in Religion und Politik: Es war der Anfang der sogenannten Reformation, als Luther 1517 seine 95 Thesen an der Schloßkirche von Wittenberg anschlug. Es war die Zeit, in der das mittelalterliche Europa zur Renaissance und deren Kunst und Ausdruckswelt fand, eine Zeit, in der das Wort Freiheit ein zentraler Begriff wurde. Im Westen war die ungeheure Macht der katholischen Kirche jedoch nach wie vor ungebrochen. Sie hatte nicht nur die mystische Macht, die ihr von Gott verliehen wurde und sich im Papst zeigte, sie stellte auch eine bedeutende politische und militärische Macht unter der Führung eben dieses „Königs" der Kirche dar. Es genügte, daß jemand eine Meinung äußerte, die von der Kirche als häretisch erachtet wurde, schon konnte der- oder diejenige einer Befragung unterzogen und von der spanischen Inquisition bestraft werden. In diesem Sinn ähnelten damals praktisch alle Länder Europas den schlimmsten Diktaturen des 20. Jahrhunderts – und das im Namen Gottes. Denn dies war das Zeitalter der Fische, das Zeitalter der Wunder und des blinden Gehorsams; seit 1500 Jahren stand die Erde unter diesem Zeichen, doch nun bewegt sie sich langsam aus dem Zeichen der Fische hinaus und tritt, wie wir sehen werden, ins Zeichen des Wassermanns ein.

Eine der herausragendsten Persönlichkeiten dieses Zeitalters lebte in der kleinen Stadt Salon in der Provence im heutigen Südfrankreich. Der Prophet Nostradamus war Hellseher, Astrologe, Arzt, Kosmetikkundiger, Zuckerbäcker und, wie seine Verse zeigen werden, auch

ein gestandener Historiker. Er war außerdem von Geburt Jude und lernte von seinem Großvater die Alchimie. In seinem späteren Leben, als er eine bekannte Persönlichkeit des 16. Jahrhunderts geworden war, brachte er sich selbst laufend in Gefahr.

Als bekannter Hellseher wurde er von der spanischen Inquisition und von der französischen Herrscherfamilie gesucht. Gefahr drohte auch von Menschen, auf die sich seine Prophezeiungen beziehen konnten, manche Personen wurden ja in eigenen Versen in den *Siècles* ganz konkret erwähnt. Als Astrologe stand er oft auf unsicherem Boden, da Astrologie und Astronomie noch keine getrennten Wissenschaften waren; die Astrologie befaßte sich sowohl mit Okkultismus als auch mit Naturwissenschaft, sie galt bei der Kirche als mögliche Quelle der Häresie – denn nur Gott konnte den Himmel schauen. Als Arzt setzte er tagtäglich sein Leben aufs Spiel, wenn er Kranke besuchte, die an der gefürchteten Beulenpest litten, und seinen Patienten Medizin aus getrockneten Rosenblättern verordnete. Diese Arzneien waren damals geradezu skandalös und standen in eklatantem Widerspruch zur anerkannten Heilkunst.

Als Prophet und Kosmetikkundiger hatte er mit einer der skandalumwittertsten Königsfamilien Europas zu tun – er wurde von Katharina von Medici nach Paris befohlen, um die ungewisse Zukunft einer einflußreichen politischen Gruppe vorauszusagen und zugleich den geplagten Leibern ihrer Mitglieder seine kosmetische Kunst zuteil werden zu lassen. Nur seine Marmeladengemische, die ihn ebenfalls berühmt machten, konnten dem außergewöhnlichen Universalgenie nicht gefährlich werden.

Als Nostradamus neun Jahre alt war, legte sein Großvater, ein erfolgreicher Getreidehändler, samt seiner Familie den jüdischen Glauben ab und wandte

SER.mo FERD. II. GRAN. DVCA.DI
TOSC ANA

sich dem sichereren katholischen Glauben zu. Der Großvater lehrte den Enkel Griechisch, Latein und Hebräisch sowie die Astrologie/Astronomie auf der Grundlage der kopernikanischen Lehre, daß die Erde rund sei und sich um die Sonne drehe. Das Hauptfundament der Astrologie war die griechische Lehre, daß alles am Himmel in allem und jedem auf der Erde seine Entsprechung hat, daß also alles mit allem zusammenhängt. Das älteste Zeugnis dieser Auffassung findet sich in einer Inschrift auf der „Smaragdenen Tafel" des Hermes Trismegistus aus dem 2. Jahrhundert n.Chr.: „Was oben ist, ist gleich dem, was unten ist, und was unten ist, ist gleich dem, was oben ist, fähig, die Wunder des Einen zu vollbringen." Diese höchst weise Aussage läßt sich erst heute mit Hilfe der neuen Erkenntnisse der Quantenphysik wissenschaftlich nachweisen. Die gesamte Astrologie basiert auf der intuitiven Erkenntnis, daß der Kosmos eine einzige Daseinsform ist, deren Teile miteinander verflochten sind und einander zu jeder Zeit widerspiegeln. Wird ein Mensch geboren, so gibt es unweigerlich auch im Himmel ein Bild seines Lebens und seiner Persönlichkeit an dem konkreten Ort. Die Geheimlehren, die damit einhergingen, und die Nostradamus sicher kannte, basierten wiederum auf der Vorstellung zyklischer Ereignisse; man glaubte, daß alles immer wieder zu seinem Anfang zurückkehrt und sich in einem ewigen Kreislauf bewegt. Ist die Erde flach, ist eine solche Lehre sinnlos – und die katholische Kirche wollte die Vorstellung von der Erde als Scheibe gern aufrechterhalten, wenn sie auch von praktisch allen Gebildeten dieser Zeit bis hinauf in die höchsten Kreise der Gesellschaft stillschweigend abgelehnt wurde. Die Kirche empfand die Astrologie als Bedrohung, weil jegliches Wissen über diese großen Zusammenhänge den Menschen Kenntnis von den Lebenszyklen verschaffen würde – womit die Priesterschaft überflüssig wäre.

Zu Nostradamus' Zeit war die Wissenschaft also mit Magie verknüpft, und diese Magie ließ sich von den ältesten heidnischen Riten

WIDDER

Links ~ *Die Astrologie war die wichtigste Quelle, die Nostradamus zur Verfügung stand und mit deren Hilfe er zu einer der herausragendsten Persönlichkeiten der Geschichte wurde. Durch die „Himmelswissenschaft" ließ sich seine vielschichtige prophetische Wahrsagekunst untermauern, man konnte die Vorhersagen genauer einordnen. Nostradamus beherrschte diese Kunst meisterlich. Das Bild gegenüber stammt vom Titelblatt des Werks „Dialogo di Galileo Galilei", das von den Medici, die Galileis Lehre in Florenz unterstützten, 1632 veröffentlicht wurde. Dieses Buch führte zum Prozeß gegen Galilei, weil er darin behauptete, daß die Erde nicht Mittelpunkt des Universums sei.*

herleiten – die sogar am französischen Hof der Katharina von Medici praktiziert wurden.

Man muß sich jedoch vor Augen halten, daß Nostradamus in erster Linie Wissenschaftler war. Er betrachtete die Astrologie/Astronomie als „Himmelslehre“ und verlangte eine genaue wissenschaftliche Analyse aller Theorien, die für ihn von Interesse waren.

Es besteht kaum Zweifel daran, daß er über eine außergewöhnliche Sehergabe verfügte, doch er erklärt in all seinen Schriften, daß sie ihm von Gott verliehen wurde, als ob er nichts als ein Sprachrohr eines höheren Wesens wäre. Während seiner medizinischen Ausbildung in Montpellier konnte er seine analytischen Kenntnisse vertiefen, und nachdem er 1525 sein Medizinstudium abgeschlossen hatte, praktizierte er als reisender Arzt rund um Toulouse, Bordeaux und Avignon, wo er beim Kurieren der Pest großen Erfolg hatte.

Im Zuge seiner Tätigkeit als Arzt schloß er bald Freundschaften in gehobenen Kreisen, ein besonders wichtiger Freund war Caesar Scaliger, ein Religionsphilosoph dieser Zeit. Auf Scaligers Bitte ließ Nostradamus sich in Agen nieder und heiratete eine Frau aus der dortigen Gesellschaft (ihr Name wird nirgends genannt); sie gebar ihm zwei Kinder. Sein Weg schien nun vorgezeichnet, er hätte in Agen bleiben und das normale Leben eines erfolgreichen Arztes führen können. Doch es kam anders.

Innerhalb nur eines Jahres ging alles in die Brüche. Er arbeitete unermüdlich und mit einigem Erfolg – er heilte Hunderte Menschen von der Pest –, doch seine Frau und seine Kinder starben vor seinen Augen an eben dieser Krankheit. Daß er seine eigene Familie nicht heilen konnte, zog ihm die Mißbilligung der einflußreichen Schicht Agens und auch Scaligers zu. Seine Schwiegereltern gingen vor Gericht, um von ihm die Aussteuer für die Hochzeit zurückzufordern, die örtlichen Vertreter der spanischen Inquisition begannen das Tun des berühmten Arztes genauer unter die Lupe zu nehmen.

Er war gezwungen, Agen zu verlassen, und führte sechs Jahre lang in Frankreich und Italien ein Wanderleben, bis er sich erneut nieder-

Zu Nostradamus' Zeit war das mittelalterliche Europa eine Stätte großen Leidens – die Pest wütete in der Stadt und auf dem Land, und im Zuge der spanischen Inquisition wurden Hexen verbrannt und Häretiker gefoltert. Insofern ist es nicht erstaunlich, daß in Nostradamus' Werk die Ahnung von Angst und Schrecken großen Raum einnimmt.

ließ, um sein Werk zu beginnen, das heute unter dem Namen *Siècles* bekannt ist. Sie umfassen zwölf Bände mit Prophezeiungen, die sich über Jahrtausende in die Zukunft hinein erstrecken.

Die *Siècles* enthalten 965 Vierzeiler, die Nostradamus in den späteren Lebensjahren verfaßte. Diese außergewöhnliche Sammlung rätselhafter Verse sowie andere Schriften Nostradamus' wurden in den letzten 400 Jahren immer wieder gedeutet, und auch wir wollen daraus die Zukunft erfahren. Für die Deutung wurden oft bestimmte Verse ausgewählt, manchmal wurden alle Vierzeiler behandelt, und wenn möglich, werden sie auf verschiedene Zeiten nach Nostradamus' Tod angewendet. Kann ein Vers nicht auf Vergangenes bezogen werden, nimmt man an, daß er sich mit der Zukunft befaßt, und genau diesem geheimnisvollen Bereich widmen wir uns in diesem Buch. Es ist nicht möglich, alle Verse aufzugreifen, in denen es anscheinend um die nächsten Jahrzehnte geht. Das würde den Umfang diese Buches sprengen, außerdem soll auch ausführliches Bildmaterial Platz finden. Der Autor beschränkt sich daher auf jene Vierzeiler, die sich auf verschiedene, für uns wichtige Themen beziehen, nämlich Politik, Religion, Naturerscheinungen und gesellschaftsrelevante Themen. Weiters werden die Verse bestimmten Ländern zugeordnet, und mit Hilfe der Astrologin Dr. Liz Greene werden auch die Geburtshoroskope dieser Länder dargestellt, damit wir eine präzisere Vorstellung von den Ereignissen der nahen Zukunft erhalten. Immer, wenn ein Vierzeiler in der französischen Originalversion zitiert wird, ist dahinter eine Zahl angeführt, zum Beispiel S1 1. Sie bezeichnet die Stelle in den *Siècles,* an der der betreffende Vers zu finden ist, hier wäre das *Siècles* (Band) 1, Vers 1.

Nostradamus' Prophezeiungen können unmöglich auf seinen hellseherischen und astrologischen Fähigkeiten allein beruhen, auch wenn diese Fähigkeiten vermutlich die wichtigste, geistige Quelle seiner Sehergabe sind. Um seine ungewöhnlichen Gedanken besser verständlich und rational greifbar zu machen, bediente er sich der „Himmelslehre". Wir wissen, daß Nostradamus mit astrologischen Vorgän-

Rechts *~ „Karte der Sonnenpfade" aus dem „Atlas Coelestis seu Harmonia Macrocosmica" von Andreas Cellarius aus dem Jahr 1660.*
Nostradamus hatte für seine wissenschaftlichen Studien zur Erforschung der Bewegungen der Himmelskörper ähnliche Karten zur Verfügung, es sollte jedoch noch fast hundert Jahre dauern, bis den „Sternenguckern" dank Galilei ein Teleskop zur Verfügung stand. Der berühmte Prophet/Astrologe lebte allerdings zur Zeit des noch berühmteren Nikolaus Kopernikus, dessen „Sechs Bücher über die Umläufe der Himmelskörper" 1543 veröffentlicht wurde. Mit Hilfe der Sternenkarten konnte Nostradamus sich in der Zeit vorwärtsbewegen und das Zusammenspiel der Planeten des Sonnensystems und der Menschen auf der Erde weiterverfolgen.

gen bestens vertraut war, bezieht er sich in vielen Versen doch direkt auf Planetenstellungen, und aus den Aufzeichnungen, die sein Sekretär de Chavigny aus seiner Bibliothek aufbewahrte, geht auch hervor, daß er die griechische Astrologie studiert hatte. In seinen Schriften finden sich Hinweise darauf, daß er von Amateurastrologen sehr wenig hielt, aber das heißt nicht, daß er nicht daran glaubte, daß man aus den Planetenbahnen die Zukunft deuten kann. Aus den verfügbaren Quellen geht hervor, daß er ein durchaus nüchterner, sehr einfacher und sehr weiser Mann war. In den einzelnen Deutungen werden ihm verschiedenste Charakterzüge verliehen, die ihn oft unnötig verkomplizieren, denn hinter den poetischen Versen seiner Prophezeiungen steht eigentlich etwas viel Einfacheres, als so mancher erwarten würde. Es ist eines der Anliegen dieses Buches, zu zeigen, daß die Vierzeiler in der Mehrzahl eigentlich sehr geradlinige Aussagen enthalten.

Nostradamus kleidete seine Weissagungen zwar in Metaphern und Rätsel, doch wurden sie in den moderneren Deutungen oft unnötig kompliziert ausgelegt. Wie sich zeigen wird, sind manche Teilchen des rätselhaften Mosaiks schlicht und einfach geschichtliche Fakten, die Nostradamus als bekannt voraussetzte. In diesem Buch stellen wir auch – vielleicht irritierende – neue Erkenntnisse vor, durch die man die rätselhaften Verse wesentlich besser verstehen kann, als dies bisher der Fall war.

Bei der Deutung ziehen wir die astrologischen Darstellungen und Horoskope heran, die auch Nostradamus zur Verfügung standen. Sie sind die Grundlage für die Deutungen der näheren Zukunft, die der Prophet uns hinterließ. Die Astrologie des 20. Jahrhunderts ist wesentlich differenzierter, vor allem deshalb, weil seit der Zeit Nostradamus' neue Planeten entdeckt wurden. Wir ziehen auch dieses neue Wissen heran, in erster Linie geht es uns aber darum, was Nostradamus wußte und mit welchen Hilfsmitteln er zu seiner Vorstellung von der Zukunft der Menschheit Jahrhunderte nach seiner Zeit gelangte.

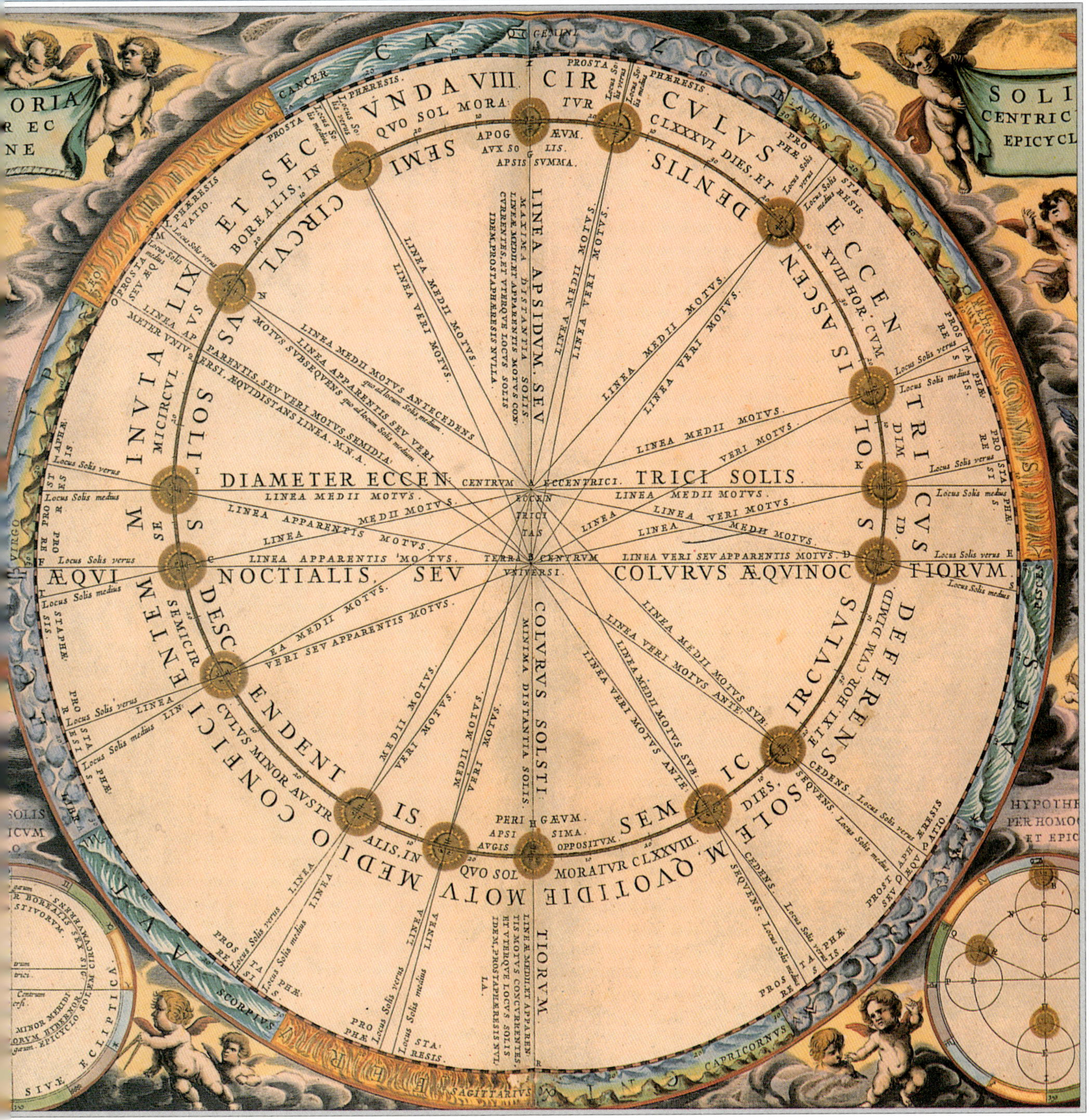
DIAMETER ECCEN
TRICI SOLIS
CENTRVM
ECCENTRICI
AEQVI
NOCTIALIS
SEV
COLVRVS AEQVINOC
TIORVM
LINEA APSIDVM SEV
COLVRVS SOLSTI
TIORVM
APOG
AEVM
PERI
GAEVM
LINEA MEDII MOTVS
LINEA VERI MOTVS
LINEA APPARENTIS MOTVS
TERRA
CENTRVM
VNIVERSI
Locus Solis verus
Locus Solis medius
CANCER
SCORPIVS
SAGITTARIVS
CAPRICORNVS
VIRGO
SOLI
CENTRIC
EPICYCL

Der pragmatische Wahrsager

Im folgenden Abschnitt zeigt sich bald, daß die Deutung der Nostradamus-Verse detektivischen Spürsinn erfordert. Überall in den kurzen Versen sind Hinweise verstreut, als hätte ein nächtlicher Einbrecher sie unterwegs verloren. Die Worte enthalten verschiedenste historische Elemente, im Endeffekt muß man sich in den Propheten hineinversetzen und versuchen, seine Gedanken nachzuvollziehen und sich in die damalige Zeit einzufühlen.

Dazu kommt noch, daß es zunächst oft sehr mühsam und entmutigend ist, die Verse Nostradamus' wirklich sinnfällig darzustellen. Es dauert, bis man sich mit seinen Methoden vertraut gemacht hat, und blickt man auf frühere diesbezügliche Deutungsversuche zurück, scheint die Lage erst recht verworren, da jeder Deuter eine andere Vorstellung davon hat, wie die Verse zu übersetzen und zu verstehen sind. Betrachten wir folgendes Beispiel:

Estant assis de nuict secret estude,
Seul, reposé sur la selle d'aerain?
Flambe exique sortant de solitude,
Fait prospérer qui n'est à croire vain.
S1 1

La verge en mains mise au milieu de Branches,
De l'onde il moulle et le limbe et le pied,
Un peur et voix fremissent par les manches,
Spledeur divine le divin près s'assied.
S1 2

Weitgehend originalgetreue Darstellung des Laboratoriums eines mittelalterlichen Apothekers. Eine ähnliche Nachbildung findet man im Schweizer Pharmaziehistorischen Museum in Basel. Es enthält alle Gerätschaften, die Alchimisten für ihre Experimente brauchten.

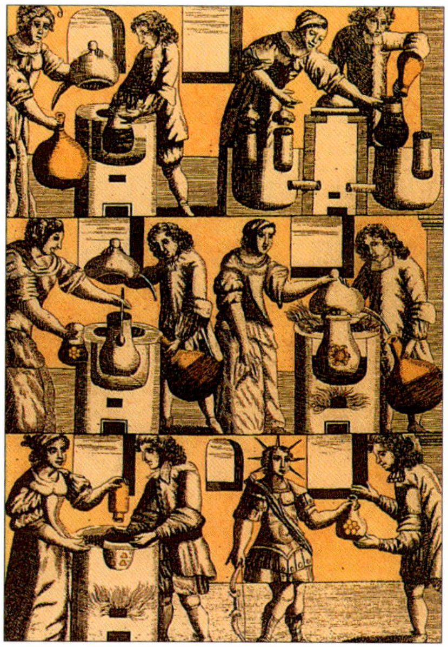

Oben ~ *Illustration aus dem „Mutus Liber", dem „stummen Buch", einer alchimistischen Studie, die 1677 veröffentlicht wurde und Jacob Saulet zugeschrieben wird. Das Bild zeigt die Herstellung der „feuerbeständigen Blume" aus den Elementen.*
Nostradamus' Verse sind in vielerlei Hinsicht alchimistisch, denn sie behandeln Veränderungsprozesse, die sich über eine lange Zeit erstrecken. Das „Ausgangsmetall" aus dem 16. Jahrhundert wird Schritt für Schritt zu immer reinerem „Gold", je besser wir die Verse verstehen können.

„Man sitzt allein des Nachts zu geheimen Studien auf einem Stuhl (oder Dreifuß) aus Messing, eine kleine Flamme verläßt die Einsamkeit und nährt, was man nicht in Leere glauben kann."

„Den Stab (oder Caduceus) in der Hand, zwischen den Zweigen stehend, formt er den Rand und den Fuß, er zittert vor Angst wie die Schwachen im Geist. Göttlicher Glanz, das Göttliche sitzt nahe."

Zu allen Zeiten wurden diese äußerst rätselhaften Verse in jede nur denkbare Richtung gedreht und gewendet. Es sind zwei sehr wichtige Verse, schließlich stellte Nostradamus sie an den Anfang der *Siècles*. Außerdem geben sie Aufschluß darüber, wie er zu seinen Prophezeiungen kam und welcher okkulten oder seherischen Methoden er sich bediente.

In den meisten Deutungen wurden diese Verse ganz besonders genau analysiert, vielleicht wurde zuviel in sie hineingelesen.

Zunächst einmal wurde der Originaltext in zwei verschiedenen Sprachen geschrieben, nämlich in Latein und Altfranzösisch. Einige Wörter haben daher mindestens zwei unterschiedliche Bedeutungen, etwa das Wort „manches", das hier aus dem Altfranzösischen mit „Schwache im Geist" wiedergegeben wurde. In anderen Texten wird nach der Bedeutung des neufranzösischen Wortes „manche" mit „Ärmel" übersetzt, dadurch ergibt sich ein völlig anderer Sinn dieses Verses als in unserer Übersetzung.

Weiters beinhaltet der Text einige klassische Anspielungen. Das Wort „verge" etwa ist ein lateinisches Wort, hier wird es mit „Stab" übersetzt. Nostradamus trug vermutlich den „Caduceus" eines Arztes bei sich, ursprünglich war das der Heroldsstab des Merkur. Die Ärzte des Mittelalters pflegten diesen „Merkurstab" als Zeichen ihres Berufs mit sich zu führen. Mit dem „Stab" kann also durchaus ein Caduceus gemeint sein, der Nostradamus ein wichtiges Hilfsmittel war, wie man

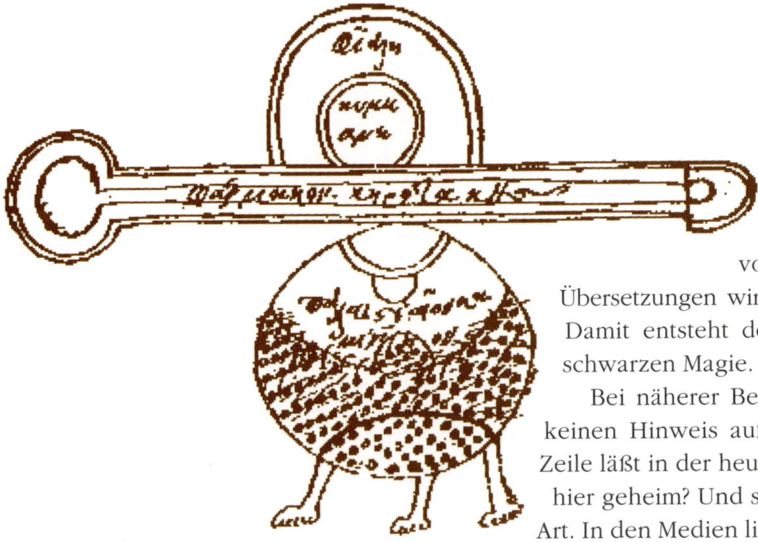

Alchimistische Gerätschaft aus dem 17. Jahrhundert.
Oben *~ Ein „Kerotakis"; die griechischen Alchimisten verwendeten diese Apparatur zum chemischen Bedampfen von Metallen.*
Unten *~ Der Caduceus, der magische Merkurstab, den die Ärzte des Mittelalters oft mit sich führten.*

heute vielleicht einen Gegenstand als wertvollen Glücksbringer betrachtet. In manchen Übersetzungen wird einfach das Wort „Zauberstab" verwendet. Damit entsteht der Eindruck, er diene der Hexerei und der schwarzen Magie.

Bei näherer Betrachtung findet man in diesem Vers jedoch keinen Hinweis auf Hexerei. Das Wort „geheim" in der ersten Zeile läßt in der heutigen Zeit die Herzen höher schlagen. Was ist hier geheim? Und schon denkt man an Zauberei und Magie aller Art. In den Medien liest man immer wieder von Geheimkulten, die sich der schwarzen Magie widmen, darum nehmen wir sofort an, Nostradamus' geheime Studien dienten äußerst zwielichtigen Zwecken, fast sieht man ihn vor einem brodelnden Hexenkessel sitzen. Die erste Zeile wurde oft mit dem Satz „Man sitzt allein in dem geheimen Raume" übersetzt, „estude" wird in der Bedeutung „privates Arbeitszimmer, Studio" wiedergegeben, es ist also ein Geheimzimmer. Weniger dramatisch ist die Übersetzung „Man sitzt allein des Nachts zu geheimen Studien ...". Das heißt, jemand ist allein und arbeitet an etwas Geheimem. Der Sinn ist klar, keine Spur von schwarzer Magie. Als Übersetzung der zweiten Zeile liest man oft „Er saß allein auf dem messingenen Dreifuß". Ein Dreifuß aus Messing trug in der damaligen Zeit oft ein Wassergefäß aus Messing, das dazu diente, durch „Lesen" im Wasser in die Zukunft zu „sehen". Vor dem geistigen Auge entsteht ein Bild, wie wir es aus zahlreichen Filmen über Hexer aller Art kennen: ein Zauberer mit spitzem Hut und langem Umhang betrachtet mit starrem Blick, fast wie in Trance, ein verschwommenes Bild auf der Wasseroberfläche.

Betrachten wir den Dreifuß als Stuhl, ist die Sache zwar weniger aufregend, doch entspricht sie eher der Realität. Nostradamus saß auf einem Messingstuhl, gekleidet wohl in ein bequemes Gewand. So einfach ist das. Er beschwört nicht dunkle Mächte, sondern er betreibt seine Studien.

Die Alchimie war ein Teil der kosmischen Ordnung. Die Abbildung zeigt alchimistische Symbole, im Hintergrund die mythischen Symbole der kosmischen Synergie. Das Bild stammt aus Mylius' „Opus Medico-chymicum" aus dem Jahr 1618. Die spannende Frage, wie Nostradamus' beeindruckende Prophezeiungen entstanden sind, gab immer wieder Anlaß zu Diskussionen; stand Nostradamus unter dem Einfluß von Drogen, Hypnose, schwarzer Magie, oder hatte er die Sehergabe? Wahrscheinlich stimmt von allem etwas, denn die kosmische Ordnung beinhaltet bekanntlich alle Magie sowie Vergangenheit, Gegenwart und Zukunft.

Der Vers nimmt allmählich Gestalt an: in der dritten Zeile kommt eine Kerze vor, die „die Einsamkeit verläßt und nährt, was man nicht in Leere glauben kann". Hier zeigt sich, welch poetische Ader Nostradamus hatte. Er deutet auch an, daß er damit vielleicht mehr sagen will, als die Worte auf den ersten Blick offenbaren.

Er sitzt über geheimen Studien, doch inwiefern sind sie geheim? Er betreibt sie im Schein einer „kleinen Flamme" – warum ist sie „klein"? Das französische Wort „exigue" ähnelt einem lateinischen Wort, das darauf hindeutet, daß es um eine symbolische Bedeutung geht. Betrachtet man die Vierzeiler genauer, so läßt sich bei fast allen feststellen, daß Nostradamus nicht unbedingt ein Zauberer mit einer geheimnisumwitterten prophetischen Gabe war, sondern vielmehr ein hervorragender Hellseher und wissenschaftlicher Astrologe mit einem ausgeprägten Sinn für Symbolik.

Man kann noch einen Schritt weitergehen und behaupten, daß die berühmten Vierzeiler, in die immer nur Vorhersagen ganz bestimmter Ereignisse wie Kriege und Katastrophen hineininterpretiert wurden, sich eigentlich auf eine viel größere Bandbreite an Themen beziehen. Ihr faszinierender Autor wirkt gleich nicht mehr so düster, wenn wir mehr über ihn wissen und uns nicht nur auf die bisherigen Deuter beschränken, die vielleicht selbst Kriege erlebten und davon geprägt waren.

Zum Verständnis der Vorhersagen der Zukunft kann schließlich noch ein weiterer Punkt hilfreich sein. Bei der Deutung der *Siècles* ist es oft verwirrend, daß die einzelnen Vierzeiler völlig willkürlich und unsystematisch aneinandergereiht zu sein scheinen. So sind sie etwa nicht nach einer zeitlichen Abfolge geordnet. Das wäre äußerst praktisch, denn dann könnte man einfach einen Vers nach dem anderen abhaken, sobald ein Ereignis eingetroffen ist, und wüßte immer, was

ANNVS VENTORVM-ANNVS SOLARIS-ANNVS STELLATVS-
Mercurius Philosophorum
Mercurius corporum Æthereorum.
Mercurius Vulgaris
Sulphur Fixum
Sulphur
Sulphur Combustibile
Sal Centrale
Sal Elementorum
Sal Terrenum
Ignes Quatuor ad opus reperiuntur

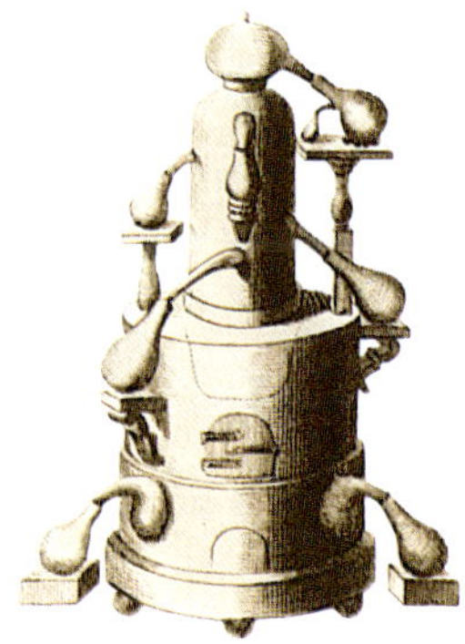

als nächstes kommt. Leider beugen sich Voraussagen keiner solchen logischen Ordnung.

Bei näherer Betrachtung erkennt man jedoch ein gewisses System innerhalb einzelner Versgruppen. In manchen Fällen hat Nostradamus die Verse anscheinend nach bestimmten Inhalten gegliedert. Das gilt etwa für Themen von allgemeinem Interesse wie zum Beispiel die Religion. Viele Vierzeiler befassen sich damit, und man erkennt Parallelen zur Geheimen Offenbarung in der Bibel, etwa bei der Verwendung bestimmter Wörter oder Symbole wie Blut, Seuchen, Hunger, Altäre, Erdbeben etc. Außerdem findet man sehr oft am Beginn eines der *Siècles* gut verborgen andere Themen, etwa Frau, Familie, Beziehungen und sogar eine Schatzsuche. Diese persönlicher gefärbten Bereiche führen uns auf den Boden der Tatsachen zurück, und wie sich zeigen wird, entsteht so ein faszinierendes Bild voller neuer Erkenntnisse und auch von großer Menschlichkeit.

Oben links *~ Der Evangelist Johannes mit dem Drachen aus der Geheimen Offenbarung, der in den Abgrund stürzt – der Überlebenskampf des Menschen aus der Sicht des 13. Jahrhunderts.*
Oben rechts *~ Die Darstellung aus dem 16. Jahrhundert zeigt Nostradamus und Katharina von Medici bei heidnischen Wahrsageriten, die von der katholischen Inquisition streng geahndet wurden. Nostradamus' Schriften handeln vorwiegend von Unheil und Katastrophen. Anscheinend galt sein Hauptinteresse den großen Umwälzungen und dem Ende der Menschheit. Vielleicht ist das der Grund für das wachsende Interesse an seinen Schriften jetzt am Ende dieses Jahrhunderts, wo wir mit dem Schlimmsten rechnen.*

Astrologischer Hintergrund

Wie schon erwähnt, soll in diesem Buch bei der Untersuchung der Vorhersagen in den Vierzeilern auch die moderne Astrologie zu Wort kommen. Für das Studium von Prophezeiungen sind wir im 20. Jahrhundert denkbar schlecht gerüstet. Hand in Hand mit den verschiedenen naturwissenschaftlichen Disziplinen geht unsere Überzeugung, daß man nur mit „Intelligenz" (und nicht nach Gefühl oder durch Intuition) ans Ziel komme. Daher wissen wir praktisch nichts über die Welt des Magischen und Zauberhaften, in der es auf intuitives Erfassen ankommt. Doch eine der alten Lehren blieb erhalten – die Astrologie, die nun mit den wissenschaftlichen Möglichkeiten unserer Zeit betrieben werden kann. Dieses Wissen ist uns zugänglich, und daher kann die Berücksichtigung des astrologischen Hintergrunds, in unserem Fall dargestellt von der weltweit bekannten Astrologin Dr. Liz Greene, für das Verständnis der Prophezeiungen hilfreich sein. Man kann damit auch besser beurteilen, wie zuverlässig das komplizierte Gebilde ist, das Dr. de Nostredame im 16. Jahrhundert für uns errichtete.

ZWILLINGE

Zu diesem Zweck werden wir uns mit dem Geburtshoroskop der Vereinigten Staaten befassen, das nach dem genauen Geburtsdatum des Landes erstellt wurde. Auch für Großbritannien, die frühere Sowjetunion, Deutschland und andere Teile Europas gibt es solche Geburtsbilder. Für bedeutende Persönlichkeiten, die für die Zukunft unserer Religion eine Rolle spielen, wurden ebenfalls Horoskope erstellt, weiters für Entwicklungen, die in den nächsten Jahren auf uns zukommen. Die Betrachtung der Vierzeiler Nostradamus' in Verbindung mit den astrologischen Daten, die ihm ebenfalls zur Verfügung standen, ist zum besseren Verständnis unserer Zukunft äußerst nützlich.

STIER

Die Themen, die hier besprochen werden, sind alle von aktuellem Interesse, etwa Politik, Religion, soziale Unruhen, Naturkatastrophen, Körper, Geist und Seele, aber auch weniger schwerwiegende Bereiche der künftigen Gesellschaft. Themen wie Familie, Ehe, Psycholo-

Eigentlich unterscheidet sich die jetzige Epoche nicht so sehr von der frühen Renaissance. Noch immer gibt es schreckliche Seuchen, furchtbare Kriege und Menschen ohne Obdach, Arbeit und soziale Absicherung.

gie, Gesellschaftsordnung und soziale Beziehungen wurden in den meisten Nostradamus-Deutungen nicht berührt. In den Versen scheint es zunächst vor allem um „große" Themen zu gehen, daher untersucht man sie immer in Hinblick auf Krieg, Hunger und Staatsereignisse und nicht unter dem Blickwinkel des privaten Lebens. Doch, wie bereits erwähnt, zeigt sich bei genauerem Hinsehen, daß in einem Vers oft Symbole vorkommen, durch die solche Themen recht detailliert zur Sprache kommen. Ebenso kann man die Verse unter dem Blickwinkel des „Privaten" statt des „Öffentlichen" untersuchen, und auch darum soll es auf den folgenden Seiten gehen.

Wir werden uns mit dem Zeitalter des Wassermanns befassen, wie es sich Nostradamus darstellte, und mit dessen Einfluß auf das Leben heute, das noch für weitere 50 Jahre in stetem Wandel sein wird. Wir werden genauer auf den Durchgang des Planeten Pluto durch die Sternzeichen Skorpion und Schütze eingehen, denen zu eigen ist, daß sie schädliche Einflußfaktoren ans Tageslicht bringen, so daß anschließend ein heilender Umwandlungsprozeß einsetzen kann. Plutos Durchgang (auch Transit genannt) wirkt wie ein reinigendes Bad, durch das die Erde auf das Kommende vorbereitet wird. Zeichen dafür sind etwa der Niedergang des Kommunismus, die Krise der Kirchen und die Kriege auf der Welt.

Wir werden konkrete Ereignisse in der Zukunft betrachten, zum Beispiel die tiefgreifenden Veränderungen in den Kirchen, den zu erwartenden großen Wandel in den Vereinigten Staaten sowie die zunehmende Stärkung Europas und seinen Aufstieg zur Weltmacht. Schließlich werden wir uns mit dem Entstehen neuer Strukturen befassen, wenn nach der Übergangsphase das Zeitalter des Wassermanns seine volle Ausprägung erreicht – wie die meisten Astrologen annehmen, kommt es dazu in den letzten Jahren des 20. Jahrhunderts.

Die Verschiebung der Tagundnachtgleichen erfolgt nicht scharf abgegrenzt, sondern allmählich, so daß die Merkmale des ausgehenden Zeitalters der Fische und die des neuen Wassermannzeitalters nebeneinander auftreten. Die Wendezeit begann zirka Anfang des 20. Jahrhunderts, als Wissenschaft und Aufklärung stärker Fuß faßten und blinder Gehorsam und unkritischer Glaube an Boden verloren. Je weiter wir in die Wassermannzeit eintreten, desto klarer zeigt sich, daß Nostradamus diese Jahre meinte, wenn er ein Jahrtausend des Friedens ankündigte, und es wird sich auch zeigen, warum, denn die Zeit des Aufruhrs, in der wir jetzt leben, wird nicht ewig dauern.

Kapitel 1

Die Vision des Meisters

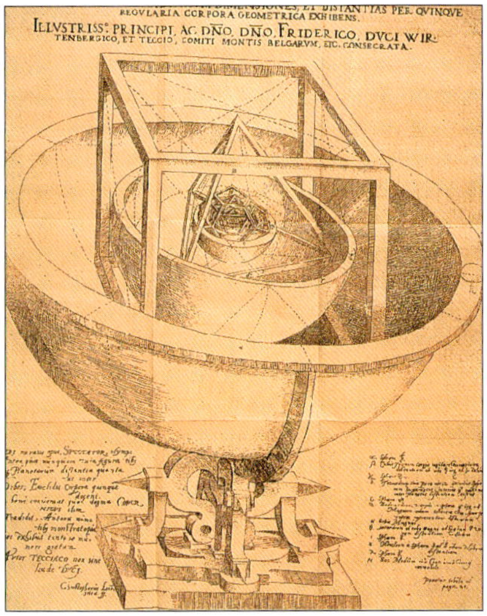

Das Bild zeigt ein Modell des Sonnensystems in Form miteinander verbundener Körper; Johannes Kepler stellte es anläßlich einer astrologischen Studie vor, die 1597 gedruckt wurde.

Rechts *~ Schaubild zur Darstellung des alchimistischen Verwandlungsprozesses und seine Entsprechung im Kosmos. Es stammt aus der „Cabala" von Stefan Michelspacher aus dem Jahr 1616.*

Vor diesem Hintergrund beginnen wir unsere Suche nach den Antworten in Nostradamus' faszinierenden Versen.

Le divin verbe donrra a la substance,
Comprins ciel, terre, or occult ai faict mystique:
Corps, ame esprit ayant toute puissance,
Tant soubs ses pieds comme au siege Celique.
S3 2

„Das göttliche Tun schenkt dem Wesen, worin Himmel und Erde gefaßt sind, geheimes Gold dem mystischen Handeln. Leib, Seele und Geist sind mächtig. Alles ist unter seinen Füßen, wie der Sitz des Himmels."

Das erste Kapitel gibt einen Überblick über den Einfluß der astrologischen Kombinationen, die für unsere nahe Zukunft ausschlaggebend sind. Wir werden sehen, wie die entsprechenden Vierzeiler dazupassen. Zuerst untersuchen wir die „astrologischen Zeitalter", auf die sich sämtliche Prophezeiungen stützen.

Vor dem Hintergrund alchimistischer Experimente, Weissagungen von Hellsehern, okkulter Riten und der Religion gewann Nostradamus sein Wissen über die Zukunft unmittelbar aus der kosmischen Ordnung. Es ging dabei nicht bloß um die Konstellation von Planeten und Sonne am jeweiligen Tag, sondern um viel weiter reichende Planetenbewegungen, die sich über Jahrtausende in die Zukunft erstrecken.

Diese großen Lebenszyklen überstiegen alles, was der Mensch bisher erfassen konnte, schließlich war ein einziger Zyklus sozusagen ein gewaltiger Schritt durch die Zeit, der die Entwicklung von beinahe der halben zivilisierten Welt ausmachte.

IGNIS.
AERIS.
AQVÆ.
TERRÆ.
VWIWV
TINCTVR.
COAGVLATION.
DISTILLATION.
PVTREFACTION.
SOLVTION.
SVBLIMATION.
CALTINATION.

Die astrologischen Zeitalter

Rechts ~ *Illustration der großen Überschwemmung, die für 1574 vorausgesagt wurde. Man ging davon aus, daß sie in einer Konstellation stattfindet, in der alle zwölf Planeten im Zeichen der Fische stehen. Der Druck stammt aus dem Almanach des Johannes Stoeffler aus dem Jahr 1504. Die Überschwemmung blieb allerdings aus, da sich Prophezeiungen offenbar nicht mit astrologischem Wissen allein bewerkstelligen lassen. In den letzten Jahren des 20. Jahrhunderts stehen wir ganz am Anfang des Zeitalters des Wassermanns, das 2000 Jahre dauern wird. Nostradamus konnte dieses Zeitalter zur Gänze „sehen", seine Vorhersagen decken die ganze Zeitspanne ab.*

So wie für die moderne Astrologie heute, war auch für Nostradamus die Zeit in „astrologische Zeitalter" unterteilt. Diese Zeitalter entsprechen den einzelnen Tierkreiszeichen in umgekehrter Reihenfolge. Jedes astrologische Zeitalter dauert rund 2000 Jahre, wobei je nach Größe der Konstellation gewisse Unterschiede auftreten können. Der gesamte Zyklus aller Zeitalter ist das „Große Jahr" mit einer Dauer von 25 000 Jahren. Die Verschiebung des Frühlingspunkts vom Widder zu den Fischen zum Beispiel (d.h. die Übergangszeit von der Widder- zur Fische-Zeit) begann etwa 50 v. Chr. und dauerte bis ca. 50 n. Chr.

Das Zeitalter der Fische begann etwa im Jahr 0 und dauert bis ca. 2000 n. Chr. Der Übergang zwischen dem Zeitalter der Fische und der Wassermannzeit dauert in etwa von 1950 bis 2050, das eigentliche Wassermann-Zeitalter ca. von 2000 bis 4000. Nach dem Zeitalter des Wassermanns beginnt ca. im Jahr 3550 der Übergang zum Zeitalter des Steinbocks, das bis etwa 4050 dauert. Diese lange Zeitspanne menschlichen Lebens auf der Erde wie auch die entsprechenden astrologischen Auswirkungen waren für Nostradamus „sichtbar".

In diesem Kapitel betrachten wir daher die Auswirkungen des Zeitalters der Fische im Licht der Vorhersagen Nostradamus'. Wir stützen uns auf jene Daten, die ihm zur Verfügung standen. Dieses Wissen kann durch die Astrologie des 20. Jahrhunderts vertieft werden, da man nun von der Existenz „neuer" Planeten wie Uranus und Pluto weiß, die Nostradamus nicht bekannt waren. Selbst 100 Jahre nach seiner Zeit konnte man mit Galileis Fernrohr nicht so weit ins All blicken.

Trotzdem kann man davon ausgehen, daß Nostradamus durch die Lehre von den „Großen Jahren" im großen und ganzen Kenntnis vom Übergang des Zeitalters der Fische zur Wassermannzeit hatte.

In den folgenden Kapiteln wollen wir dann die verschiedenen Vierzeiler genauer daraufhin untersuchen, wie sie sich auf konkrete Zukunftsereignisse anwenden lassen.

Vermählung von Fisch und Wassermann

Als Astrologe muß Nostradamus gewußt haben, wie sehr das Tierkreiszeichen Wassermann die heutige Zeit beeinflußt. Wie er und seine Zeitgenossen meinten, würde das Zeitalter des Wassermanns vom Planeten Saturn bestimmt sein. Das ließ sich dahingehend deuten, daß das Ende des 20. Jahrhunderts vom wissenschaftlichen und philosophischen Denken durchdrungen sein würde, das vor allem Fragen aufwirft und sich nicht mit dem Gegebenen abfindet. Der Saturn steht auch für die Notwendigkeit, sich die natürlichen Rohstoffe zunutze zu machen und auf der ganzen Welt vernünftig einzusetzen, um so die Gegenwart erträglicher zu gestalten (Jupiter hingegen, der das Zeitalter der Fische beherrschte, steht für Vertrauen in die gottgegebene Fülle und einen starken Glauben an das Leben nach dem Tod).

Oben *~ Der Saturn sitzt in seinem Drachenwagen. Die Darstellung aus dem 16. Jahrhundert zeigt die mythologische Verknüpfung von Astrologie und Astronomie.*

Oben rechts *~ Diese Gravur aus dem 16. Jahrhundert zeigt den grünen Löwen, der die Sonne verschlingt. Daran sieht man, wie komplex das alchimistische Denkgebäude war. Der grüne Löwe steht für „aqua regia" (Königswasser), eine Mischung aus Salpetersäure und Salzsäure. Damit läßt sich Gold auflösen, als dessen Symbol die Sonne steht. So wurde selbst eine einfache chemische Reaktion auf lebendige Art veranschaulicht.*

In der Mythologie war Saturn der Gott der Landwirtschaft, der über das Goldene Zeitalter und die Gesetze des klugen Ackerbaus herrschte und den Schutz der Natur innehatte.

Das Zeitalter der Fische, von dem Nostradamus' Leben stark geprägt war, galt als eine Epoche blinden Glaubens und unkritischer Religiosität. Wunder und Zauberei gehörten wesentlich zum Leben dazu. Aus dieser Situation entstanden religiöse Dogmen, etwa die Vorstellung, Gott sei „im Himmel droben" und dürfe nicht in Frage gestellt werden – diese Denkweise finden wir im ganzen Mittelalter und über weite Strecken in der Renaissance. Man glaubte daran, daß es tatsächlich Wunder und Magie gibt und daß Jesus wirklich über das Wasser geschritten war, man glaubte an alchimistische Zauberei und zahlreiche nicht nachvollziehbare Ereignisse, die oft reine Erfindung waren.

Das Zeitalter des Wassermanns hingegen führt uns aus dieser Welt des Wunderglaubens und der Unvernunft in eine Zeit, in der einfach alles hinterfragt wird. Philosophie und Naturwissenschaft zerlegen alles in seine Einzelteile und untersuchen das Leben bis in die kleinsten Zellen hinein. Jede Entdeckung bedeutet Fortschritt – es geht um Bewegung statt Stillstand.

Der Saturn als beherrschender Planet trägt auch den Keim politischer Revolution in sich, denn auch die gesellschaftlichen Werte sind von dieser neuen Verunsicherung betroffen. Schon in diesem Jahrhundert erlebten wir kaum ein Jahrzehnt ohne weitreichende politische Umbrüche – vom Spanischen Bürgerkrieg über zwei Weltkriege, Vietnam, den Kommunismus und Jugoslawien bis zur Europäischen Union. Dieser revolutionäre Prozeß des 20. Jahrhunderts unterscheidet sich insofern von den Revolutionen früherer Zeiten, als es dabei nicht um idealistische Ziele geht, wie etwa bei der Französischen Revolution. Bei den politischen Veränderungen unseres Jahrhunderts stehen oft Diktaturen im Mittelpunkt, etwa im Fall Rußlands, der UdSSR und Deutschlands; es zeigt sich die negative Seite des mythischen Saturn, der die eigenen Kinder verschlang, um sie an seiner

SWEDES FOR
REDIRECT RESOURCES FROM THE MILITARY TO MEET HUMAN
NO MORE HIROSHIMA NAGASAKI &
JAPANESE CO-OPERATORS

Eines der Hauptmerkmale des Wassermann-Zeitalters ist das Entstehen eines Gruppenbewußtseins: eine große Zahl von Menschen spürt nach und nach ihre gemeinsame Verantwortung für das Geschehen auf der Erde. Dieses Bild zeigt eine Großdemonstration gegen die atomare Bedrohung und ist nur ein Beispiel für Hunderte andere Kundgebungen der achtziger und neunziger Jahre. Wie Nostradamus schreibt, werden wir solche Transparente in Zukunft noch viel öfter zu sehen bekommen.

Nachfolge zu hindern, wie es durch die natürlichen Zeitzyklen vorgegeben war.

Ein zentrales Merkmal des Lebens auf der Erde im Zeichen des Wassermanns ist auch das Gemeinschaftsstreben. Schon jetzt erkennt man eine Entwicklung, die durch gemeinschaftliches Handeln und nicht mehr durch Einzelpersonen geprägt ist. Dieser Trend wird sich fortsetzen – Länder schließen sich zu Kontinenten zusammen, aus Staaten wird eine Nation, wie etwa in den USA. Der Zusammenschluß der Staaten Europas zur Europäischen Gemeinschaft ist typisch für die Bereitschaft, gemeinsam zu handeln, die im Zeitalter des Wassermanns besonders ausgeprägt ist. Weitere Beispiele dafür sind die Umweltbewegung, der die Medien heute viel Platz einräumen, und die Gaia-Bewegung, die sich der gesamten Erde annimmt.

Diese weltumspannenden Grundzüge lassen alles enger zusammenrücken. Es wird uns immer deutlicher bewußt, daß unser Handeln in einem bestimmten Lebensbereich sich auch auf alle übrigen Bereiche auswirkt. Besonders augenscheinlich ist das, wenn eine Fabrik Abwässer in einen Fluß einleitet und damit das Wasser vergiftet, oder wenn durch das Treibgas aus den Spraydosen die Ozonschicht zerstört wird. Diese Probleme sind der heutigen Zeit ein großes Anliegen.

Durch astrologische Merkmale entstehen jedoch nicht einfach neue Denkweisen, vielmehr verändert sich das menschliche Bewußtsein an sich. Im wundergeprägten Zeitalter der Fische geschahen eben tatsächlich Wunder. Im Zeitalter des Wassermanns, der Zeit der Veränderung und der Vorherrschaft der Vernunft, ist hingegen alles der Vernunft und der Wissenschaft untergeordnet.

Dennoch stellt sich die Frage, warum gerade jetzt, im Zeitalter der Vernunft und der Wissenschaft, ringsherum soviel Chaos herrscht. Das kommt erstens daher, daß der Wassermann nicht nur für Vernunft und Wissenschaft steht, sondern auch für das Streben der Menschheit, die Instinktwelt der Natur zu beherrschen. Also gibt es auch zahlreiche bahnbrechende Entwicklungen in der Wissenschaft, die unsere Kenntnisse und unser Leben stark verändern. Zweitens leben wir im Übergang zwischen zwei Zeitaltern und sind noch nicht voll ins Wassermann-Alter eingetreten. Alles ist jetzt im Umbruch, weil auch unsere Wahrnehmung im Wandel begriffen ist; dazu kommt, daß solch massive Veränderungen Angst machen.

Die Eckpfeiler des Daseins, Kirche, Staat und Familie, sind ins Wanken geraten, die neuen Grundwerte sind noch nicht verankert. Die Welt wirkt bar jeder Ordnung, weil wir versuchen, uns an die neuen „Regeln" anzupassen, und diesen Regeln zufolge müssen wir den blinden Glauben der Vergangenheit immerfort in Frage stellen. Auf all die neuen Fragen werden wir unweigerlich Antworten finden, mit denen bei uns auch wieder mehr Frieden einkehren wird. Im Moment ist dieser Frieden aber nur ein schwaches Licht am Ende des Tunnels.

Je mächtiger die Veränderungen sind, desto stärker versuchen wir, ihnen auszuweichen. Die Gründung der Europäischen Gemeinschaft ist ein typisches Beispiel dafür. Mit der zunehmenden Neigung, sich zu größeren Nationen und Staatengemeinschaften zusammenzuschließen, tritt auch das Nationalbewußtsein stärker zutage, das dem Schutz kleinerer Gruppen dient. Wir wollen am nationalen Erbe, an Sprache, Tradition und selbst an der Währung festhalten, wenn alles sich hin zu größeren Einheiten und Strukturen entwickelt. Man hat oft Angst, daß in der großen Gemeinschaft die Ausdrucksmöglichkeiten und Bedürfnisse des Individuums zu kurz kommen. Auf die Fragen der Zukunft gibt es keine einfachen Antworten. Wir tasten im Dunklen nach neuen Lösungen – ein typisches Bild für das Zeitalter des Wassermanns.

Die Wassermann-Merkmale und ihre Auswirkungen in der Übergangszeit von den Fischen zum Wassermann waren auch Nostradamus bekannt. Eben aus diesem Wissen heraus schrieb er die Verse, die das Kapitel einleiten. Sie sind eine treffende Beschreibung des Endes unseres Jahrtausends; in der Folge werden wir sie genauer betrachten.

Bis in die siebziger Jahre war der starke Dollar ein Garant für die Stabilität der Weltwirtschaft, doch nun verändert sich die Lage auf den Finanzmärkten radikal, und das mächtige, oft unsichtbare Imperium, das die USA durch Kredite, Geschenke – oder Bestechung, wie oft kritisiert wird – zusammenhielt, beginnt zu zerbröckeln; es entsteht ein neues Machtvakuum.

Rechts *~ Auch durch pompöse Weiherituale können die althergebrachten Religionen nicht länger verschleiern, daß die Botschaft der Kirche durch sehr weltliche Skandale langsam untergraben wird.*

Religion ~ der Weg nach innen

Nostradamus wußte genau, wie das Zeitalter des Wassermanns unser Gottesbild beeinflußt. Das wird deutlich, wenn man die eingangs zitierten Verse näher betrachtet.

„Das göttliche Tun schenkt dem Wesen, worin Himmel und Erde gefaßt sind, geheimes Gold dem mystischen Handeln. Leib, Seele und Geist sind mächtig. Alles ist unter seinen Füßen, wie der Sitz des Himmels."

Wie sich in den letzten Jahren zeigte, ist die Macht der Kirchenoberen im Schwinden begriffen. Aus der katholischen Kirche, die einst eine mystische, überirdische Heiligkeit ausstrahlte, ist eine sehr irdische, oft fragwürdige Organisation voller menschlicher Schwächen geworden. Ihre einst so mächtigen Priester erleben wir heute als Menschen, die von sexuellem Verlangen geplagt werden und finanzielle Schwierigkeiten haben. Auch hier ist der Übergang vom Zeitalter der Fische und seinem naiven Magieglauben zur Wassermannzeit, der Zeit des Forschens und Hinterfragens, zu bemerken. Im Zeitalter der Fische herrschte Jupiter, die Priester waren zugleich Propheten, die Stimme Gottes, und aus ihrer mystischen Weisheit und ihrem Glauben entstand die moralische und religiöse Ordnung, der sich die gewöhnlichen Sterblichen unterordnen mußten. Im Zeitalter des Wassermanns ist der Priester ein Lehrer, der wie ein Rabbi über großes Wissen und viel Lebenserfahrung verfügt. Vor diesem Hintergrund kann er – oder sie – den Menschen im Hier und Jetzt praktische Hilfe anbieten.

Eines der prägendsten religiösen Bilder war in der Vergangenheit die Vorstellung von Gott im Himmel, der inmitten der Heerscharen der Engel thront, Cherubim schweben über seinem Haupt, dazu zucken die Blitze – solchen Gewalten kann sich der Mensch nur unterordnen,

denn er ist eine schwache, ohnmächtige Kreatur und der Größe Gottes unwürdig, er muß ausharren, bis sich die Pforten des Himmels öffnen und er ewigen Frieden und Gnade erlangt. Das ist die negative Seite der vergangenen Fische-Zeit, man mußte demütig ausharren, das menschliche Schicksal und alles Elend hinnehmen und alle Hoffnung auf die ausgleichende Gerechtigkeit im Jenseits setzen. Heute ist alleine schon das aerodynamische Wissen zu groß, als daß Engelszauber noch wirken könnte. Es ist an der Zeit für Neues.

Die astrologische Literatur und auch Nostradamus verweisen auf einen neuen „Priester und Ratgeber", der in naher Zukunft, noch in den ersten Jahren des kommenden Jahrtausends, zu uns kommen wird. Er ist ein neuartiger Religionsstifter, der uns mit seinem Rat hilft, und auch die höchsten Kirchenstellen werden nicht mehr vorgeben, Gott auf Erden zu vertreten.

Doch wie alles hat auch das Zeitalter der Fische seine guten Seiten, die dann auch in den Hintergrund treten, etwa die Achtung vor dem Reich des Unsichtbaren und die Möglichkeit, nicht nur auf den Menschen allein zu vertrauen. Im neuen Zeitalter werden wir die Ehrfurcht vor dem Mystischen verlieren, weil die Wissenschaft neben sich nichts dulden will.

Nostradamus wählte die Worte in allen seinen Versen mit großer Bedacht. Das französische Wort „verbe" wird oft mit „Wort" übersetzt. Doch Nostradamus war sich der Veränderungen im Lauf des Lebens bewußt. Er wußte, daß in den letzten Jahren des 20. Jahrhunderts viel in Bewegung gerät. Das Leben war für ihn also eher ein Verb, ein Wort, das Handeln ausdrückt, und kein Hauptwort. Wir befinden uns in einem Zustand des Umbruchs. Wir sind das Verb, das göttliche Tun. Dadurch, durch uns, er-

Die alten Riten heidnischer Kulte, wie etwa die der keltischen Druiden, sind aus ferner Vergangenheit wiedererstanden; sie üben eine große Faszination auf viele Menschen aus, die von den traditionellen Kirchen enttäuscht sind, da diese anscheinend nur Leiden und Krieg bringen.

hält das Leben (das Wesen) das, „worin Himmel und Erde gefaßt sind“. In uns Menschen, die wir uns in ständigem Wandel befinden, sind Himmel (Gott) und Erde (Menschen) gefaßt. Wir geben dem „mystischen Handeln“ das „geheime Gold“.

„Leib, Seele und Geist sind mächtig.“

Das Zeitalter des Wassermanns macht uns die Zusammenhänge zwischen Körper, Geist und Seele bewußt. Überall auf der Welt wird diese Verbindung sogar in Ausstellungen und anderen Veranstaltungen behandelt. Ein Teil kann ohne die anderen nicht leben und gedeihen. Wir sind eine Einheit aus Körper, Geist und Seele. Und außerdem steigt Gott herab von seinem Thron in den Wolken ins Herz der Menschen, so daß wir Menschen selbst mächtig werden. Diese Macht ist ganz anders als politische Macht, es ist die Macht jedes Menschen, über sein Schicksal zu bestimmen. Nostradamus wußte sehr viel von den Veränderungen, die das Ende dieses Jahrhunderts mit sich bringt, von der Macht, durch die die Religion ins Herz der Menschen gelangt.

„Alles ist unter seinen Füßen, wie der Sitz des Himmels.“

Diese Prophezeiung besagt eigentlich, daß der Mensch lernen wird, aus der Hölle auf Erden den Himmel auf Erden zu schaffen, um über beide zu herrschen.

Das klingt angesichts von Kriegen, Skandalen, Haß und Leiden auf der Welt wohl nicht sehr glaubwürdig, doch es ist im Wesen der Wassermannzeit begründet, daß alles sich zum Guten wenden wird, wenn die Gesellschaft von den schädlichen Einflüssen befreit ist.

Das Geschenk des Prometheus

Oben *~ Wir haben die Macht, unser Leben zu gestalten, und tragen daher auch große Verantwortung, die wir auf niemanden abschieben können – weder auf Gott noch sonst eine höhere Stelle. Wir sind selbst zuständig. Mit dem Transparent an der Statue von Admiral Nelson am Trafalgar Square in London soll gegen die Ergebnisse der UNCED-Konferenz in Rio protestiert werden. Daran zeigt sich die Unzufriedenheit mit den heute üblichen Methoden zur „Heilung" der Welt von den „Krankheiten", die der Mensch ihr zufügte. Noch herrscht die Wirtschaft über die Umwelt.*

Prometheus stahl den Göttern das Feuer, um es den Menschen zu schenken. Im Prinzip geschieht heute dasselbe. Es wird uns eine Macht übertragen, die ursprünglich Gott vorbehalten war, und wir sind auch in der Lage, diese Macht zu gebrauchen. Im Bereich der Gentechnologie etwa können die Wissenschaftler tatsächlich Leben schaffen, und damit stehen wir vor moralischen und religiösen Problemen, die früher von der Kirche gelöst wurden – indem man die Verantwortlichen auf dem Scheiterhaufen verbrannte. Dürfen wir wirklich behaupten, wir könnten Leben schaffen und verändern, das Universum umgestalten?

Nostradamus und die Wassermannzeit deuten klar darauf hin.

„Alles ist unter seinen Füßen, wie der Sitz des Himmels." Alles, was einst dem Reich Gottes vorbehalten war, gehört nun zum Reich des Menschen, der jetzt auch die Verantwortung dafür trägt.

„Das göttliche Tun schenkt dem Wesen, worin Himmel und Erde gefaßt sind, geheimes Gold dem mystischen Handeln."

Nostradamus braucht nur diese wenigen Worte, um seine Botschaft auf eindrucksvolle Weise zusammenzufassen.

Die Worte „geheimes Gold dem mystischen Handeln" sind wohl das Herzstück des gesamten Verses. Geheimes Gold war es, das in alchimistischen Prozeduren letztlich hergestellt werden sollte. Das Ausgangsmetall ist die Menschheit, sie ist noch roh und ungeschliffen und steht erst am Anfang einer Entwicklung. Durch die magischen Kräfte eines alchimistischen Verfahrens wird sie zu Gold. Die Menschheit wandelt sich selbst vom Rohzustand zu Gold, indem sie Gott verstehen lernt. Im Kapitel über Nostradamus' Wissen vom religiösen Wandel befassen wir uns mit dieser Entwicklung.

Mit diesem Überblick über die Grundzüge der Astrologie wird klar, vor welchem Hintergrund sich der Wandel der Menschheit in den

Rechts *~ Der gefesselte Prometheus. Prometheus war der griechische Gott des Feuers und Schöpfer des Menschen. Er stahl dem Zeus das Feuer, um es den Menschen zu schenken, und dieses Geschenk gilt daher als Symbol für die Fähigkeit, menschliches Leben hervorzubringen.*
Geschichte und Wissenschaft haben nie einen Zweifel daran gelassen, daß der Mensch in der Lage ist, selbst Leben zu schaffen – allerdings nur auf dem Weg der natürlichen Fortpflanzung. Abgesehen von der literarischen Figur Frankenstein, haben wir bislang jedenfalls kein solches Geschenk erhalten.
Doch Ende des 20. und Anfang des 21. Jahrhunderts setzen hier die ersten Veränderungen ein. Wir sind bereits in der Lage, in die Erbanlagen von Ungeborenen einzugreifen, und können auch die Genstruktur von Tieren und Pflanzen verändern. Was bringt das Geschenk des Prometheus wohl als nächstes? Werden wir weiterhin dem Mord auf gesetzlicher Grundlage Denkmäler errichten, statt die Stimme der Hungernden zu vernehmen? Werden wir weiterhin Raketen zu fernen Planeten senden, während unser Planet ins Trudeln gerät?
Nostradamus lehrt uns, daß wir jetzt, im ausgehenden Jahrtausend, bald Licht am Ende des Tunnels sehen werden.

nächsten 50 Jahren abspielt. In den folgenden Kapiteln wird näher untersucht, wie diese einschneidenden Veränderungen den Planeten Erde aus den Wirren und dem Chaos der Gegenwart herausführen und in eine geordnetere, schönere Zukunft im Zeitalter des Wassermanns eintreten lassen.

Doch bevor die einzelnen Themen der Prophezeiungen konkreter zur Sprache kommen, wollen wir uns noch einmal der Astrologie zuwenden, um die Gesamtentwicklung besser verstehen zu können.

Zeit des Chaos

„Dort, wo das Klima ganz anders ist als in Babylon, wird ein großer Aderlaß sein. Land und Meer, Luft und Himmel scheinen ungerecht. Sekten, Hunger, Herrschaft, Seuchen, Wirren."

Wenn man auf das 20. Jahrhundert zurückblickt und dazu die Zeitungsschlagzeilen dieser Zeit ansieht, findet man praktisch nichts als Chaos und Verwirrung. Es begann mit dem Ersten Weltkrieg, dann folgte eine Zeit großer Umwälzungen: Nationen erlebten ihren Niedergang, Staatsführer wurden ermordet, gefährliche Krankheiten waren auf dem Vormarsch, es gab einen Krieg nach dem anderen, die Religion verlor an Bedeutung, die Kriminalität nahm zu.

Auch in den neunziger Jahren hat sich nicht viel geändert: wir erleben den Krieg im früheren Jugoslawien, die Zunahme des Drogenhandels in Europa und den Vereinigten Staaten, die Zerstörung des Regenwalds und die zerstörerische Macht von AIDS, durch die Afrika schweren Schaden nimmt. Der Arzt Nostradamus spricht von einem „Aderlaß". Er war ja oft dabei, wenn seine Kollegen ihre Patienten zur Ader ließen – das sollte der Auswaschung schädlicher Stoffe aus dem Körper dienen. Hier ist die Reinigung von schädlichen Einflüssen gemeint, die den Eintritt ins Zeitalter des Wassermanns und den Durchgang des Pluto durch den Skorpion begleitet.

Kurz vor dem Sterben durchfahren den Körper oft heftige Zuckungen, sie sind ein letztes Aufbäumen, mit dem sich der Tod ankündigt. Im Prinzip waren das ganze 20. Jahrhundert, also die letzte Phase dieses Jahrtausends, und auch der Übergang zum Zeitalter des Wassermanns das letzte Aufbäumen des Zeitalters der Unvernunft vor seinem endgültigen Niedergang. Wir stehen an der Schwelle eines neuen Zeitalters, und das Chaos, das wir Tag für Tag erleben, ist der Todeskampf der alten Zeit.

In den achtziger Jahren sowie Anfang der neunziger Jahre durchquerte der Planet Pluto das Tierkreiszeichen Skorpion. Dieser Transit

Wir leben in einer Zeit des Chaos, das zumindest noch bis zur Jahrtausendwende anhalten wird. So sollen sich die Unruhen, zu denen es 1992 in Los Angeles kam, mit noch größerer Gewalt wiederholen, so daß wir vor dem größten Erdbeben stehen, das sich dort je ereignete.

Es herrscht Chaos – eine typische Szene in Sarajewo 1992, dem Zentrum eines Bürgerkriegs, der für ganz Europa eine Bedrohung darstellt.

erfolgt etwa alle 248 Jahre, denn so lange dauert es, bis der Pluto die einzelnen Sternzeichen auf einer elliptischen Bahn durchlaufen hat. Ende des 15. Jahrhunderts stand der Pluto ebenfalls im Skorpion; damals erlebte die Renaissance ihren Aufschwung, das byzantinische Reich zerfiel, und die islamische Welt gewann an Einfluß. Auch die Inquisition nahm zu dieser Zeit ihren Anfang, Columbus entdeckte Amerika, und in Westeuropa tauchte die gefürchtete Syphilis auf.

Als Nostradamus geboren wurde, war der Transit des Pluto gerade vorüber. In seinem Brief an den französischen König Heinrich II. spricht er die Auswirkungen dieses Planeten-Übergangs direkt an, obwohl er ja nichts von der Bahn des Pluto wußte, der erst lang nach seinem Tod entdeckt wurde.

„Dann wird das Unreine und Abscheuliche zutage treten und sich offenbaren … wenn der Wechsel der Herrschaft vollbracht ist" (damit könnten die englische Königin Elisabeth und ihr Nachfolger Charles gemeint sein). Wenn der Pluto im Skorpion steht, bedeutet das, astrologisch gesehen, die Reinigung von allem Alten, Überkommenen, Toten und Verdorbenen, um den Boden für das Neue zu bereiten. Das Hauptmerkmal dabei ist das Überhandnehmen der Korruption, und das trifft auf die achtziger und neunziger Jahre genau zu; die Schlagzeilen sind voll von politischen Eklats und Finanzskandalen. Nostradamus drückte es auf seine Art aus: „Land und Meer, Luft und Himmel scheinen ungerecht." Überall, auch am Himmel, scheinen Ungerechtigkeit und Unrecht zu herrschen.

Der Durchgang des Pluto durch das Zeichen Skorpion dauert in etwa von 1980 bis 1997 oder 1998. Es ist faszinierend, wie die Bahn der Planeten unsere Erkenntniswelt verändert. Bevor der Pluto in den Skorpion eintrat, stand er in der Waage, das führte zu tiefgreifenden Veränderungen in der Haltung zu Ehe, Liebe und zwischenmenschlichen Beziehungen. Anfangs war der Idealismus groß, es gab die „freie Liebe" der sechziger Jahre, die Erleichterung der Scheidung, Leben in Kommunen und sexuelle Gleichheit. Dann wanderte der Pluto in den Skorpion, und man erkannte, wieviel Übel in allen Lebensbereichen unter der Oberfläche gärte, weil die düstere Seite des Menschen zutage trat. Der Idealismus der sechziger Jahre führte geradewegs zu versteckter Korruption und Machtspielen. Die nächste Phase erleben wir beim Transit des Pluto durch den Schützen, dann werden wir uns fragen, worum es im wesentlichen geht und wie wir nach der großen Reinigung zu einem besseren Dasein finden können.

Reinigung der Erde

Der Skorpion hat einen sehr großen Einfluß auf unseren Umgang mit den natürlichen Rohstoffen und den Energieträgern oder Energiequellen, die uns gemeinsam zur Verfügung stehen. Daher wollen wir als nächstes den reinigenden Einfluß des Pluto auf die Umwelt betrachten. Sein Durchgang durch den Skorpion hilft uns, die schädlichen Einflüsse und unsere Gedankenlosigkeit in der Vergangenheit an die Oberfläche zu bringen. Fast 300 Jahre lang haben wir die natürlichen Rohstoffe verbrannt, um daraus Treibstoff zu erzeugen oder das Wirtschaftswachstum anzukurbeln. Und wofür? Damit wir jetzt mit ansehen müssen, wie die Schönheit und das Leben der Natur zerstört und vernichtet werden, wie Tierarten aussterben und Millionen Menschen durch diese Entwicklung getötet werden, ganz zu schweigen von der Zerstörung der Wälder, die dem Planeten Atem spenden.

Das Ausscheiden all dieser globalen Giftstoffe dauert fast bis zum Ende dieses Jahrzehnts, wo dann andere Lebensbereiche in den Einflußbereich des Pluto gelangen. Jetzt erleben wir die Kehrseite der Nutzung natürlicher Ressourcen.

Links *~ Nostradamus spricht von einer Reinigung der Erde und der Menschen in den letzten Jahren dieses Jahrhunderts. Der Pluto durchläuft den Himmel als eine Art „Reinigungsplanet", der alles aufspürt und entgiftet, was ihm in den Weg kommt. Mutter Erde reagiert auf diese große Reinigung durch den Pluto mit Naturkatastrophen wie dem Hurrikan „Hugo", der in Puerto Rico am 21. September 1989 große Verwüstungen anrichtete. Doch das ist erst der Anfang, denn wir sind sehr eng mit unserem Planeten verbunden. Genaugenommen sind wir unser Planet, denn wie auch die Erde wollen wir schädliche Einflüsse loswerden.*

Reinigung des Körpers

Der Durchgang des Pluto durch den Skorpion macht uns auch deutlich, welch düstere Kehrseite die Nutzung menschlicher Ressourcen hat. Der Skorpion hat großen Einfluß auf die Sexualität des Menschen und ihre Reinigung durch Krankheiten.

Als sich der Pluto in den letzten Jahren des 15. Jahrhunderts durch den Skorpion bewegte, tauchte die Syphilis auf. Damals beschuldigte angeblich Italien die französischen Soldaten, die Krankheit eingeschleppt zu haben. Die Franzosen hingegen erklärten, die Krankheit komme aus Italien.

Im 20. Jahrhundert wurde während eben dieser astrologischen Konstellation AIDS entdeckt (allerdings ist auch die Syphilis keineswegs ausgerottet). Insofern reichten Skorpion und Pluto einander die Hand, um die alten Normen im Bereich Sexualität und Beziehungen zu verändern. AIDS ist der Grund dafür, daß viele Gefühle, wie etwa Liebe, Schuld, Angst, Vorurteile und Macht, neu hinterfragt werden. Es ist gefährlich geworden, mit einem Menschen, ohne viel nachzudenken, sexuellen Kontakt zu haben; man muß zuvor gezielt dafür sorgen, daß das Leben der Beteiligten nicht bedroht ist. Sexualität und Tod waren also noch nie zuvor so eng miteinander verknüpft.

Das Wesen des Skorpions

Auch wenn Nostradamus häufig den Eindruck erweckt, alles sei hoffnungslos dem Untergang geweiht, kann man in seinen Schriften oft zwischen den Zeilen lesen, daß alles letztlich ein gutes Ende nimmt; auch die Astrologie bestätigt das.

So wurde der ganze Bereich menschlicher Beziehungen neu hinterfragt, und zwar nicht nur unter dem Blickwinkel einer möglichen Ansteckungsgefahr, sondern auch hinsichtlich moralischer und religiöser Normen. Die Ehe als eine Art Vertrag für den gemeinsamen Lebensweg wurde stark in Zweifel gezogen, denn man kann die Ehe nicht wirklich in Vertragsform festlegen und mit einer Unterschrift besiegeln. Angesichts der Bedrohung durch AIDS glauben viele Menschen aber, daß nur eine endgültige, lebenslange Beziehung zu einem einzigen Menschen ein wirklich zuverlässiger Schutz ist. Auch an diesem Thema zeigt sich die Verwirrung unserer Zeit.

Der Feminismus führte zu vielen neuen Verhaltensweisen in den Beziehungen, aber auch zu neuen Vorurteilen und Einstellungen. Die Männer können nun neben der männlichen auch ihre „weibliche" Sei-

te zeigen. Die Frauen können auf Gebieten Erfahrungen sammeln, die früher die alleinige Domäne der Männer waren. Doch der Feminismus birgt auch einiges Zornpotential, das in Verbindung mit dem Pluto im Skorpion einen Rückschlag bringt. Ein interessantes Beispiel dafür sind die Wahlen in den Vereinigten Staaten im Jahr 1992, als die Republikaner sich als Partei der Abtreibungsgegner darstellten und unterschwellig erklärten, die Frauen sollten „zurück an den Herd" gehen. Diese Nebenwirkungen des „sexuellen Schmelztiegels", in dem in den neunziger Jahren heftig umgerührt wurde, zeigen die Neigung des Menschen, möglichst keine neue Verantwortung auf sich zu nehmen und sich nicht mit neuen Fragen auseinanderzusetzen, sondern lieber auf altbekannte Verhaltensnormen zurückzugreifen.

Die Ausbreitung des AIDS-Virus in den letzten Jahren hatte einen großen Einfluß auf unsere Einstellung zur Sexualität, und daher wurde dieser Lebensbereich auch zum Gegenstand immer tiefergehender Diskussionen und Untersuchungen. Nostradamus schreibt, daß wir mit allem auf dieser Welt verbunden sind und der Transit des Pluto uns die Möglichkeit gibt, auf ein schöneres Leben in der Zukunft zu bauen.

Links *~ Die ägyptische Skorpiongöttin Selket.*

Sobald wir uns aber von unserem Bestreben lösen, uns an die traditionellen Grundhaltungen zu Ehe, Familie und Staat zu klammern, sobald wir uns eingestehen können, daß diese Haltungen sich vielleicht nicht mehr bewähren, kann an die Stelle der alten „Schadstoffe" Neues treten. Das gilt heute für alle Lebensbereiche.

Auf der ganzen Welt konnte man vom Wohnzimmer aus den Fall des Kommunismus in der damaligen Sowjetunion mitverfolgen, begleitet von Bildern wie diesem, wo eine Leninstatue von einem Platz in Berlin wegtransportiert wird.
Doch solch ein reinigender „Aderlaß", der dramatische Umwälzungen riesigen Ausmaßes bewirkt, führt nicht sofort auch zu einem Mehr an Freiheit. Zunächst zeigt sich die Neigung der menschlichen Natur, irgendwo Schutz zu suchen, sich gleichsam in den Nationalismus einzuigeln.
Die neuen Staaten gehen daran, ihre Grenzen neu zu ziehen, jede Gruppe wacht eifersüchtig über ihre Sprache, das Leben scheint von Rückzug geprägt zu sein, die Gemeinschaft wird unwichtig. Doch das ist nur ein Übergangsstadium in der Zeit des Umbruchs.

Die Freiheit in der Gemeinschaft

„Dort, wo das Klima ganz anders ist als in Babylon, wird ein großer Aderlaß sein."

Wie immer setzt Nostradamus einen konkreten Sachverhalt an den Anfang seiner Botschaft. Mit dem Ort, an dem „das Klima ganz anders als in Babylon" ist, ist höchstwahrscheinlich die Sowjetunion gemeint. Um zu verstehen, was der „große Aderlaß" bedeutet, muß man wissen, wie ein Aderlaß zur Zeit Nostradamus' vor sich ging. Im 16. Jahrhundert glaubte man, daß Krankheiten immer durch Gifte im Körper entstehen. Das ärztliche Vorgehen war dabei sehr einfach: Ein Arm oder Bein wurde aufgeschnitten, so daß das Blut aus dem Körper tropfte (oder floß), oder man setzte Blutegel an, die dem unglücklichen Kranken das Blut aussaugen sollten. Man glaubte, daß auf diese Weise die Giftstoffe, die durch den kranken Körper strömen, mit dem „schlechten Blut" ausgewaschen werden.

Man sagt auch heute noch: „Das macht böses Blut", wenn jemand für Unfrieden sorgt; in dieser Redewendung ist die alte Vorstellung noch sichtbar. In der gar nicht guten alten Zeit glaubten die Ärzte, der Körper sei gleichsam im Unfrieden mit sich selbst.

In Zusammenhang mit dem Land, dessen Klima ganz anders als in Babylon ist, kann der „Aderlaß" die Reinigung vom Kommunismus bedeuten – das Gift der alten Gesellschaftsstruktur voller Unterdrückung floß aus den Adern der ehemaligen Sowjetunion.

Wir wissen heute, daß mit dem Niedergang des Kommunismus zahlreiche Giftstoffe ausgeschwemmt worden sind. Alle kommunistischen Länder waren gezwungen, ihre größten Geheimnisse ans Licht zu bringen und zu hinterfragen. Ein großer Teil der Weltbevölkerung war plötzlich frei. Doch frei wofür?

„Land und Meer, Luft und Himmel scheinen ungerecht."

Nirgends gibt es Gerechtigkeit, und als natürliche Folge der neuen Freiheit kommt es zu Revolution oder Rückzug. Am stärksten sehen wir das anhand der Länder des früheren Jugoslawien, wo die einzelnen Republiken sich als massive Reaktion auf die Angst und den Schrecken mehrerer Jahrzehnte in nationalistische Fehden zurückzogen.

In Rumänien und Albanien kam viel Zorn zum Ausbruch, und in den Teilen der Sowjetunion, in denen dieser Zorn noch unter der Oberfläche schwelt, wird er sich auf ähnliche Weise zeigen.

„Sekten, Hunger, Herrschaft, Seuchen, Wirren."

Nostradamus faßt den Sachverhalt in einer Zeile zusammen. Nur begnügt er sich nicht damit, von Unruhen auf nationaler Ebene zu berichten. Er stellt auch einen Zusammenhang mit Religion und generellen Wirren her. Und damit sind wir wieder beim Zeitalter des Wassermanns und der reinigenden Wirkung des Pluto.

So wie sich das große Umbruchsstreben allmählich legt, die Europäische Gemeinschaft sich in einer neuen Struktur stabilisierte und die Länder des früheren Jugoslawien ihre Streitigkeiten langsam beenden, wird sich auch das Zeitalter des Wassermanns durchsetzen.

Sowohl Nostradamus als auch die astrologischen Deutungen weisen darauf hin, daß etwa zur Mitte des nächsten Jahrhunderts, also um 2050, die neuen Strukturen zumindest in groben Zügen festgelegt sind. Doch in der Wendezeit des Chaos, unter dem Einfluß des Pluto, wird noch ein Lebensbereich ins Chaos stürzen.

Ein neuer Gott ~ Meditation statt Kirche

Vom Einfluß des Wassermannzeitalters auf die Kirchen war in diesem Kapitel schon an früherer Stelle die Rede. In naher Zukunft treten aber noch andere Einflußkräfte auf, die die Kirchen verändern werden.

Mit dem Eintreten der Wassermannzeit bewegt sich auch der Pluto in den letzten Jahren des 20. und Anfang des 21. Jahrhunderts vom Skorpion weg, sein Einfluß wird nunmehr im Schützen spürbar. Es scheint fast so, als wäre der Pluto eine Art sorgfältig arbeitender Reinigungsplanet, der auf seiner Umlaufbahn einen Lebensbereich um den anderen entgiftet und säubert. In Verbindung mit dem Schützen bringt der Pluto die Giftstoffe und Fehler der religiösen Lehren klar zum Vorschein – als wäre der Aufruhr in den heiligen Hallen der katholischen Kirche nicht jetzt schon schlimm genug.

Nostradamus schreibt in vielen Vierzeilern davon, daß es sehr bald noch ärger kommt. Bei dieser mächtigen Konstellation werden praktisch alle Wertvorstellungen der Kirche von gewaltigen Umwälzungen betroffen sein.

„Sekten, Hunger, Herrschaft, Seuchen, Wirren."

Der Pluto verläßt den Skorpion und wandert ins Sternzeichen Schütze, sein Einfluß zeigt sich nun in der Religion. Anfang der neunziger Jahre waren die ersten Auswirkungen zu spüren: in den Kirchen kam es zu Veränderungen, die ihr Fundament ins Wanken brachten. Die Umbruchzeit dauert bis über die Jahrtausendwende hinaus an.

Im Zeitalter der Fische wurde Gott nicht hinterfragt. Doch auf einmal haben alle ihre Zweifel an den Männern, die angeblich die Vertreter Gottes auf Erden sind. Eine der Hauptfolgen dieser nüchterneren Sicht der Kirche ist das verstärkte Auftreten von Sekten, die in der zweiten Hälfte dieses Jahrhunderts stark zugenommen haben. Nostradamus gestaltet diese Zeile wie ein durchdacht angebrachtes Ornament, des-

sen Enden durch Frage und Antwort und dann Antwort und Frage verklammert sind. „Sekten" stehen an einem Ende, „Wirren" am anderen. Gibt es einen klareren Gegensatz als Verbindung der Zeile, in deren Mitte „Hunger, Herrschaft, Seuchen" stehen?

Manche Leser haben vielleicht von J. Krishnamurti gehört, dessen Botschaft von Freiheit und Liebe viel Anklang fand. Insbesondere den Lesern der früheren Bücher aus dieser Reihe wird Osho Rajneesh ein Begriff sein, dessen Anhänger nach wie vor von ihrem Ashram in Indien aus die neue Botschaft von Glauben und Meditation verkünden. Dazu gibt es zahlreiche neue religiöse Führer, die als Beispiel für das neue Gottesbild stehen, dem in diesem Jahrhundert ja viel Interesse entgegengebracht wird.

Doch wie wir im entsprechenden Kapitel sehen werden, tut sich ein völlig neuer Weg zu einem neuen Gott auf. Die wesentlichste Änderung liegt darin, daß man Gott stärker im privaten, persönlichen Bereich sucht, er ist für alle gleich da und kein mächtiger Gott mehr, der weit weg im Himmel thront. Er wohnt im Menschen selbst. Wie wir sehen, widmete Nostradamus diesem Thema besonders viele Vierzeiler.

Oben ~ *Die heiligen Tänze des russischen Gurus Georg Gurdijeff werden in der Osho Commune International in Indien aufgeführt, wo den alten Riten neues Leben eingehaucht wird. In den letzten Jahren dieses Jahrhunderts steigt das Interesse an den Geheimnissen des Lebens auf der persönlicheren, weniger offen zutage liegenden Ebene.*

Das ist im wesentlichen die Grundlage, auf der die Veränderungen der Zukunft entstehen. Wir wissen nun, daß wir in der Übergangsphase zum Zeitalter des Wassermanns leben. Wir haben auch den „Reinigungsprozeß" beschrieben, den der Pluto im Zeichen des Skorpions bzw. des Schützen in Gang setzt. Das sind die Eckpfeiler, die Nostradamus zur Verdeutlichung seiner Vorhersagen einsetzte, da er über das nötige astrologische Wissen und die entsprechenden seelischen Kräfte verfügte.

Die Vorahnung künftiger Freuden

Zum Abschluß der Einführung ist ein kurzer Überblick über die letzten 40 Jahre dieses Jahrtausends hilfreich, denn diese Zeit ist für das Verständnis von Nostradamus' Werk von größter Bedeutung. Sie ist von fortwährenden Konflikten geprägt, zugleich zeigt sich immer deutlicher auch ein positiver Trend hin zu einer besseren Welt.

Les fleurs (fleaux) passes diminue le monde,
Long temps la paix terres inhabitees:
Seur marchera par ciel, serre, mer & onde:
Puis de nouveau les guerres suscitees.
S1 63

„Blumen (oder Seuchen) sind vergangen, die Welt ist kleiner geworden, lange Zeit wohnt Friede im Land:
Menschen durchreisen den Himmel und umschlingen Himmel, Meer und Land: dann wird wieder Krieg beginnen."

Nostradamus beginnt die erste Zeile mit einem doppeldeutigen Wort. Im modernen Französisch bedeutet „fleurs" Blumen, das alte provenzalische Wort „fleaux" bedeutet Seuche oder Krankheit. Dr. Michel de Nostredame verwendete zur Heilung der gefürchteten Beulenpest Rosenblätter, die er zu Tausenden sammelte, trocknete und zerstampfte, in einfache Kapseln füllte und den Pestkranken unter die Zunge legte. Das in den Rosenblättern enthaltene Vitamin C wurde vom Körper langsam aufgenommen und förderte die Heilung der Krankheit.

Für Nostradamus bestand ein enger Zusammenhang zwischen Blumen und Krankheiten, und das bringt uns zu diesem konkreten Vers:

„Blumen (oder Seuchen) sind vergangen, die Welt ist kleiner geworden,"

Links oben ~ *Rosa mucosa, die Moosrose*
Links ~ *„Maria im Rosenhag" von Martin Schongauer aus dem Jahr 1473. Das Bild stammt aus der Kirche Saint Martin in Colmar, Frankreich. Die Rose ist hier ein religiöses Symbol der Heiligkeit und Tugend. Zu dieser Zeit setzte Nostradamus Rosenblätter als Heilmittel gegen die Pest ein. In der Blume verbinden sich daher Religion und Natur, Wissenschaft und Liebe.*
Oben ~ *Iris, Illustration aus dem Buch „La Clef des Champs" von Jacques le Moyne de Morgues.*
Für seine homöopathischen Heilmittel des 16. Jahrhunderts verwendete Nostradamus oft Blumen; er war damit seiner Zeit weit voraus.

Diese Vorhersage läßt sich leicht datieren; man muß nur die dritte Zeile betrachten: „Menschen durchreisen den Himmel und umschlingen Himmel, Meer und Land ..." Nostradamus spricht hier eine Zeit an, in der es normal wird, auf solche Art zu reisen, das sind die sechziger Jahre dieses Jahrhunderts. Mit den Blumen spielt Nostradamus auch auf die Blumenkinder der sechziger Jahre an, auf Blumen als Zeichen einer sanften Macht zur Heilung des Menschen nach dem Schrecken der Weltkriege. Die sechziger Jahre waren eine entscheidende Phase in unserer Entwicklung, denn damals entstand der Traum von einem Leben, das nicht nur Tod und Zerstörung enthält. Man dachte, daß der Wahnsinn der Weltkriege vielleicht nur eine Art Eiterbeule an der Oberfläche war und besseren Zeiten weichen muß.

In den sechziger Jahren wurde die Welt gleichsam kleiner, da die Menschheit für kurze Zeit in einer Art unschuldigem Ausdruck der Kreativität zusammenkommen konnte, zumindest gilt das für die „zivilisierte" westliche Welt von damals. Musik, Kunst und ein rebellischer Geist, der sich besonders in der Mode zeigte, waren prägende Merkmale dieses einzigartigen Jahrzehnts. Die Menschen der sechziger Jahren waren sich der tatsächlichen Auswirkungen der Atombombe noch nicht wirklich bewußt, Umweltverschmutzung war kein Thema, die Welt schien noch heil. Man orientierte sich am Schönen.

Nostradamus zufolge ist diese Zeit ein Vorgeschmack des Kommenden in einer Zukunft, die auch in den neunziger Jahren noch nicht zur Gegenwart geworden ist.

In den sechziger Jahren kam es auch zu einer äußerst interessanten, seltenen Planetenstellung, nämlich einer Konjunktion von Uranus und Pluto in der Jungfrau; dieses Sternzeichen steht für das tägliche Leben, die Gesetze und den Kreislauf der Natur. Die erwähnte Konjunktion deutet auf eine Zeit des radikalen Wandels in der Einstellung zum täglichen Leben hin, was gut zur Welt der „Blumenkinder" paßt.

Die Menschen, die in den sechziger Jahren in dieser Konjunktion geboren wurden, sind um die Jahrtausendwende zwischen 30 und

Der Einfluß der alten Zeiten – der sechziger Jahre – wird am Ende des Jahrhunderts wieder stärker. Die meisten Personen auf dem Foto sind heute weltberühmt: John Lennon (der auch lange nach seinem Tod noch eine wichtige Rolle spielt), Paul McCartney, Mia Farrow, George Harrison und Donovan. Ihre kreative, exzentrische und oft revolutionäre Art ist nach wie vor spürbar.

40 Jahre alt, also in dem Alter, in dem sie den meisten gesellschaftlichen Einfluß haben und entsprechende Verantwortung tragen. Viele Menschen dieser Generation haben ihre Illusionen „verkauft" und sind jetzt ganz normale Mitglieder der etablierten Gesellschaft. Doch wer in dieser Konjunktion geboren wurde, trägt die damaligen Visionen noch immer in sich. Diese Generation ist gleichsam die Verkörperung der Konstellation. Darüber hinaus entwickelte sie auch ein ganz konkretes, gar nicht realitätsfremdes Umweltbewußtsein, wie es durch die Flower-Power-Generation der sechziger Jahre entstanden ist. Es kann gut sein, daß diese Menschen sehr viel Einfluß haben, wenn um die Jahrtausendwende das Sternzeichen Jungfrau das Bewußtsein auf der Erde prägt.

„... lange Zeit wohnt Friede im Land ..."

Die Art und Weise, in der Nostradamus seine Verse verfaßte, zeigt auch, welche Grundstimmung des Lebens er für das 20. Jahrhundert sehen konnte. „Blumen (oder Seuchen) sind vergangen, die Welt ist kleiner geworden, lange Zeit wohnt Friede im Land: Menschen durchreisen den Himmel und umschlingen Himmel, Meer und Land ..." Was er damit meint, läßt sich durchaus nachempfinden. Wenn Liebe und Harmonie wichtiger sind als der Staat, wird die Welt vertrauter, quasi kleiner. Gibt es keine Seuchen, nichts Krankmachendes mehr, kann die Welt wirklich eins werden, Friede wird möglich. Und dann kann man es sich leisten, die Welt zu umarmen. Das war die Welt der sechziger Jahre, und sie steht am Anfang eines Wandels, der durch den Einfluß des Wassermanns noch verstärkt wird.

In den neunziger Jahren bildet die starke Konjunktion von Uranus und Jupiter im Steinbock ein Trigon (einen positiven Aspekt) zur Uranus-Pluto-Konjunktion in der Jungfrau in den sechziger Jahren. Das heißt, daß es zwar noch viel Chaos gibt, in den letzten Jahren des 20. Jahrhunderts aber ein stärkerer Heilungsprozeß einsetzt. Anders gesagt sind die neunziger Jahre eigentlich eine Art positives Echo der sechziger Jahre. In den sechziger Jahren bewirkte die Konjunktion von Uranus und Pluto eine Zeit großer Umwälzungen, im Zuge derer das kollektive Unbewußte neue Vorstellungen mit weitreichenden Folgen hervorbrachte. Insofern kann man diese Zeit gewissermaßen als astrologisches Geburtsdatum nehmen, das unseren Ausgangspunkt darstellt.

Während der Konjunktion von Uranus und Neptun im Steinbock in den neunziger Jahren bringt das harmonisierende Trigon (der 120°-Winkel) zur ursprünglichen Konjunktion im Geburtshoroskop der sechziger Jahre alles wieder an die Oberfläche, so daß wir jetzt ähnlich wie damals soziale, politische und religiöse Unruhen, Aufruhr und Wandel erleben. Doch weil das Trigon ein harmonischer Aspekt ist, wirkt die Energie der damaligen Zeit als positiver Beitrag zur Lösung der Probleme der sechziger Jahre, es kommt zu fruchtbaren, kreativen Neuerungen.

„... dann wird wieder Krieg beginnen."

Natürlich hat Nostradamus damit recht. Nach den sechziger Jahren entstand eine Massenpsychose auf praktisch jeder Ebene und besonders im Bereich des Gemeinschaftsstrebens; sie dauert bis heute an.

Radikale Veränderungen auf dieser Ebene drücken sich nicht bloß in einer verworrenen Lebenssituation aus. Man steht vor der Alterna-

Die sechziger Jahre sind ein astrologisches Geburtsdatum, mit ihnen entstand eine neue Ordnung, in der sich eine Reihe neuer Verhaltensweisen und Einstellungen ausbildete. In den neunziger Jahren erleben wir die Folgen dieser radikalen Veränderungen, im Zuge derer die ganze Gesellschaft gereinigt wird. Sie stellen uns vor die Alternative Zusammenbruch oder Durchbruch.

Wir erleben nun eine Wiederholung der sechziger Jahre, wenn auch in leicht veränderter Form. In den letzten Jahren des 20. Jahrhunderts taucht eine neue Generation der Blumenkinder auf, deren Blüte im nächsten Jahrtausend liegt. Auch wenn das Wort auf uns abgedroschen wirkt – die Bedeutung der Liebe für die Gesellschaft wird neu entdeckt und unsere Zukunft radikal verändern.

tive Zusammenbruch oder Durchbruch. Nicht nur Nostradamus, auch andere Propheten hatten ähnliche Visionen, die nach Meinung fast aller Deuter das letzte Jahrzehnt des 20. Jahrhunderts betreffen.

Von Gautama Buddha wissen wir aus dem *Diamant-Sutra*, daß es alle 25 Jahrhunderte auf der Erde zu einer radikalen Bewußtseinsänderung kommt, die mit einer Zeit größten Chaos einhergeht. Ein großer Meister wie Buddha würde, so heißt es, nur dann zum Menschen kommen, wenn es nötig ist, das „Rad der Existenzweisen" weiterzudrehen. Das Rad galt in der fernöstlichen Kultur als Energiequelle, durch die die Entwicklung der Welt eine entscheidende Wende nimmt. In der Astrologie spricht man vom „Großen Jahr", dieser Begriff war auch Nostradamus geläufig. Kurz bevor sich das Rad neuerlich weiterdreht, kommt unweigerlich eine Zeit der „Dunkelheit für die Seele", eine Zeit der Reinigung der ganzen Welt.

Vor 25 Jahrhunderten wurde das Rad zum letztenmal weitergedreht, es bewegt sich jetzt nur noch sehr langsam und wird zum Stillstand kommen, wenn das Zeitalter des Buddha abgelaufen ist. Wie der Buddhismus lehrt, kommt dann die nächste große Drehung des Rades.

Johannes von Patmos, der Autor der *Geheimen Offenbarung der Bibel*, schrieb in seinen gewaltigen apokalyptischen Visionen nieder, daß ein Jahrtausend des Friedens und der neuen Spiritualität anbricht und in unserer Zeit ein neuer Adam kommen wird. „Dann sah ich einen neuen Himmel und eine neue Erde; denn der erste Himmel und die erste Erde sind vergangen."

Der Prophet Merlin, der weise Zauberer und Mystiker, der im alten Britannien am Hof des Sagenkönigs Arthur lehrte und zur Suche nach dem heiligen Gral aufrief, hinterließ ein Buch mit Prophezeiungen, in dem in Vers 88 unsere Zeit beschrieben wird:

> *„Wurzel und Zweig werden vertauscht sein, und das Neue dessen wird als Wunder gelten."*

Von den nordamerikanischen Hopi-Indianern ist dasselbe überliefert:

GREENPEACE

Friedensmärsche und Protestkundgebungen, Sit-ins und geistige Revolutionen werden auch die nächsten Jahre begleiten. Die Jugendrevolte begann in den sechziger Jahren und hielt sich auch in den nächsten drei Jahrzehnten. Neue, rebellische Organisationen wie Greenpeace entstanden in den achtziger und neunziger Jahren. Sie sind quasi die Stimme des Gewissens der Industrie und der Regierungen, denn ihre Aktionen sprechen eine deutlichere Sprache, als Worte es oft vermögen. Die Zeit des Wandels zeigt sich im Verhalten der Menschen und in den astrologischen Konstellationen.

„Die fünfte Welt beginnt nun zu entstehen. Man kann es an der Erde selbst erkennen. Pflanzenformen aus früheren Welten tauchen auf einmal als Samen auf … Dieselbe Art von Samen wird als Sterne in den Himmel gepflanzt. Dieselbe Art von Samen wird in unser Herz gepflanzt. Sie alle sind dasselbe, es kommt nur darauf an, wie man sie betrachtet. Daraus steigen wir in die nächste, fünfte Welt auf."

Und natürlich spricht auch der Prophet, von dem dieses Buch handelt, von „tausend Jahren des Friedens, … wenn das siebte Jahrtausend gekommen ist …"

In dem Buch *Unknown Man* spricht der Autor Yatri von einem evolutionären Übergang, eine Entwicklungsstufe, die die Menschheit auf der ganzen Welt nimmt. Diese Theorie gründet auf der Annahme, daß wir eine Zeit der Katastrophen und des Chaos erleben müssen, bevor wir zu einer neuen Weltordnung voranschreiten können.

Jetzt stehen wir ganz klar inmitten einer solchen Zeit.

Wie Nostradamus es prophezeite, brechen jetzt allerorten Kriege aus. Sie können zum Zusammenbruch führen oder aber zum Durchbruch verhelfen. Doch wie in diesem Buch gezeigt werden soll, geschieht diese Umwandlung durch uns selbst. Die nächste Drehung des Rades der Existenzweisen wird nicht von einem einzelnen Menschen bewerkstelligt, sondern von uns allen.

Kapitel 2

Neue Welten

Aus der Sicht des 16. Jahrhunderts mußte man den Eindruck gewinnen, die heutige Zeit sei ein einziges Inferno.

Unten *~ Der Golfkrieg 1990–1991: Britische Truppenbewegungen in der Wüste Saudi-Arabiens.*

Rechts *~ Besonders auffallend war beim Golfkrieg die Fähigkeit des Westens, riesige Mengen an Kriegsmaterial binnen Tagen über große Entfernungen zu transportieren.*

Mein Sohn, ich will nicht zu weit abschweifen und Deine künftige Wahrnehmungskraft berücksichtigen, weiß ich doch wohl, daß die Gelehrten noch große und meist prahlerische Worte darüber machen werden, wie ich die Welt zu deuten pflege, bevor die große Feuersbrunst über die Welt kommen wird. Diese wird eine so große Zahl an Katastrophen und Umwälzungen mit sich bringen, daß kaum ein Land nicht davon überschwemmt sein wird ... Deshalb wird es vor und nach diesen Umwälzungen in den verschiedenen Ländern wenig Regen geben, doch werden Feuer und brennende Steine so zahlreich vom Himmel fallen, daß alles der Vernichtung preisgegeben ist. Und das wird vor der letzten großen Feuersbrunst geschehen. Denn vor dem Krieg endet das Jahrhundert, und in seinem letzten Abschnitt wird alles in seinen Bann gezogen sein. ... Und nun, da wir in der Zeit der Republik leben, wird mit der Hilfe Gottes des Allmächtigen die Monarchie wieder erstehen, noch bevor die alte Zeit endet, und dann beginnt das Goldene Zeitalter. Denn die Zeichen des Himmels zeigen, daß das Goldene Zeitalter wiederkehren wird, und zwar, wie die Berechnungen ergeben, 177 Jahre, 3 Monate und 11 Tage, nachdem ich dies schreibe, wenn die Welt von der allumfassenden Umwälzung bedroht ist; von nun an bis zur genannten Zeit werden Seuche und lange Hungersnot, Kriege und noch mehr Überschwemmungen auf uns kommen. Zuvor und danach wird die Zahl der Menschen mehrere Male so stark abnehmen, daß fast keiner mehr bleibt, der die Felder bestellen will ... Das wird nach dem sichtbaren Urteil des Himmels geschehen, bevor wir noch das Jahrtausend erreicht haben, in dem sich alles vollenden wird.

Nostradamus' *Vorwort an seinen Sohn César*, Salon, am 1. März 1555.

Die Angst vor dem Ende der Welt

Dieses Kapitel begann mit einem Auszug aus Nostradamus' Brief an seinen Sohn, der die wohl gewagtesten Prophezeiungen in der Geschichte der Menschheit beinhaltet. Doch bevor wir auf den Brief in seinen Einzelheiten und die enthaltenen Zeitangaben eingehen, muß ein weiterer wichtiger Aspekt zur Sprache kommen.

Nostradamus lebte in einer Zeit, in der die Geschichte weitgehend auf lokale Ereignisse beschränkt war. Wie schon zu Beginn des Buches erwähnt, war die Nachrichtenübermittlung nicht schneller als die flinksten vier Beine. Die meisten Menschen kamen zeitlebens nicht über die nähere Umgebung hinaus.

Kriege führte man um eine Stadt oder eine Burg, sie wurden auf den Hügeln der Umgebung ausgetragen. Die Gefallenen kamen durch einen Schwerthieb oder einen Pfeil um, im schlimmsten Fall durch eine Metallkugel aus einer Muskete. Es gab keine Kriegsgeräte im heutigen Sinn und schon gar keine Bomben und Raketen.

Wenn ein Mensch aus dieser Zeit plötzlich vier und mehr Jahrhunderte weit in die Zukunft katapultiert wurde, mußte ihm die Welt des 20. Jahrhunderts wie ein einziges Irrenhaus vorkommen.

1991 wurde im Golfkrieg binnen Wochen eine ganze Armee aus Tausenden großer Panzer, Flugzeugen, Kriegsschiffen von der Größe eines mittelalterlichen Dorfes sowie Hunderttausenden Soldaten von den Vereinigten Staaten und deren Verbündeten an einen Kriegsschauplatz gebracht, der mehrere tausend Kilometer weit weg lag. Zu No-

Links *~ Der Sturm auf die Bastille.*
Unten *~ Beispiele für die moderne Kriegsführung in Kuwait. Zu Nostradamus' Zeit waren Kämpfe auf die nähere Umgebung, einen Hügel oder eine einzelne Stadt beschränkt. Heute ist die ganze Welt davon in Mitleidenschaft gezogen. Insofern mußte ihm der Unterschied zwischen der damaligen und der heutigen Zeit wie der zwischen einem kleinen Scharmützel und dem Ende der Welt erschienen sein. Es ist daher nicht verwunderlich, daß die Prophezeiungen für unsere Zeit von einer Weltuntergangsstimmung geprägt sind.*

stradamus' Zeiten hätte das in etwa geheißen, die gesamte Bevölkerung von Paris samt aller Fahrzeuge und einiger Straßen sowie der Häuser und die gesamte französische Armee in die Neue Welt zu verfrachten, die Columbus eben entdeckt hatte – ein Ding der Unmöglichkeit.

Wenn man an die prophetischen Fähigkeiten Nostradamus' glaubt, so wußte er vom Golfkrieg, vom Vietnamkrieg, von den zwei Weltkriegen und allen anderen Schreckenstaten, die die Menschheit in diesem Jahrhundert verübte; natürlich mußte er den Eindruck haben, ein wahnsinniges Inferno zu erblicken. Insofern darf man es ihm nicht verdenken, daß er glaubte, die Menschen dieser Zeit hätten den Gipfel des Wahnsinns erreicht, so daß „Feuer und brennende Steine in solch großer Zahl vom Himmel fallen, daß alles der Vernichtung preisgegeben ist".

Stimmt eigentlich. Es ist alles der Vernichtung preisgegeben worden. Wir alle sind betroffen.

Bei modernen Nostradamus-Deutungen wird oft fälschlich angenommen, daß die Lage sich weiter verschärfen wird. Die betreffenden Autoren begreifen oft nicht, daß es schlimmer als jetzt gar nicht mehr werden kann. Das heißt nicht, daß der Schrecken nicht noch einige Jahre anhält, auch Nostradamus sagt das: „Denn vor dem Krieg endet das Jahrhundert, und in seinem letzten Abschnitt wird alles in seinen Bann gezogen sein. Manche Länder stehen durch Jahre im Zeichen der Revolution, andere werden noch länger in Trümmern liegen." So ist es. Wir leben mitten in der Apokalypse.

Nostradamus bestimmte den Anfang der Französischen Revolution ausgehend von dem Tag, an dem Rousseau seine Gedanken von der Herrschaft durch das Volk nach Paris brachte. Seine Prophezeiungen reichen von dieser Zeit bis hinein in die Gegenwart, wo wir Jahr für Jahr auf der ganzen Welt Revolutionen erleben.

Rousseau und die Revolution

„177 Jahre, 3 Monate und 11 Tage, nachdem ich dies schreibe, ... von nun an bis zur genannten Zeit werden Seuche und lange Hungersnot, Kriege und noch mehr Überschwemmungen auf uns kommen.“

Diese beeindruckende Prophezeiung brachte Nostradamus am 1. März 1555 zu Papier. 177 Jahre, 3 Monate und 11 Tage nach diesem Tag schreiben wir – unter Berücksichtigung der geänderten Kalenderrechnung – den 24. Juni 1732. Genau an diesem Tag kam Jean-Jacques Rousseau zum ersten Mal nach Paris, und aus Nostradamus' Sicht begann an diesem Tag die Entwicklung hin zum Atheismus und zur Revolution in der ganzen westlichen Welt. Die Französische Revolution machte 1792 den Auftakt.

Er beweist hier unglaublichen prophetischen Wagemut, indem er voraussagt, daß von seiner Zeit an bis zum Jahr 1732 „Seuche und lange Hungersnot, Kriege und noch mehr Überschwemmungen“ auftreten werden. Und dann, von der Zeit Rousseaus bis zur Jahrtausendwende, „wird die Zahl der Menschen mehrere Male so stark abnehmen, daß fast keiner mehr bleibt, der die Felder bestellen will, als diese nun frei werden, wo sie zuvor in Dienst genommen waren.“

Und all das „wird nach dem sichtbaren Urteil des Himmels geschehen, bevor wir noch das Jahrtausend erreicht haben, in dem sich alles vollenden wird“.

In dieser Darstellung seiner Zukunft beschreibt er eine Epoche, die in der letzten Phase des christlichen Zeitalters, am Ende der Zeit der Fische, begann. Nostradamus erkannte sehr genau, daß in dieser Zeit große Anpassungsprozesse stattfinden, die sich in den letzten Jahrzehnten des Jahrtausends in Hunger, Krieg, Seuchen und Schreckensszenarien ausdrücken.

Die Deutungen, denen zufolge die Menschheit mit dem Ende des Jahrtausends der Vernichtung anheimfällt, sind zugegebenermaßen dramatischer, dennoch kommt es der Wahrheit wohl näher, wenn man davon ausgeht, daß der Schrecken schon begonnen hat. An den Anfang der Zukunftsaussichten der Welt in unserer Zeit stellen wir den vielleicht bekanntesten aller Vierzeiler.

Mabus, der Maler

1960–2000 ~ Die grosse Vernichtung

Mabus puis tost alors mourra, viendra
De gens et bête une horrible défaite:
Puis tout à coup la vengeance on verra,
Cent, main, soif, faim quand courra la comète.

„Mabus wird dann bald sterben, Mensch und Tier erleiden eine schreckliche Niederlage: dann plötzlich kommt die Rache, Hundert, Hand, Durst, Hunger, wenn der Komet in Bewegung ist."

>Dort kommt er vom berge • dort steht er im hain!
Wir sahen es selber • er wandelt in wein
Das wasser und spricht mit den toten.<

O könntet ihr hören mein lachen bei nacht:
Nun schlug meine stunde • nun füllt sich das garn •
Nun strömen die fische zum hamen.

Die weisen die toren – toll wälzt sich das volk •
Entwurzelt die bäume • zerklittert das korn •
Macht bahn für den zug des Erstandnen.

Kein werk ist des himmels das ich euch nicht tu.
Ein haarbreit nur fehlt und ihr merkt nicht den trug
Mit euren geschlagenen sinnen.

Ich schaff euch für alles was selten und schwer
Das Leichte • ein ding das wie gold ist aus lehm •
Wie duft ist und saft ist und würze -

Und was sich der große profet nicht getraut:
Die kunst ohne roden und säen und baun
Zu saugen gespeicherte kräfte.

Der Fürst des Geziefers verbreitet sein reich •
Kein schatz der ihm mangelt • kein glück das ihm weicht.
Zu grund mit dem rest der empörer!

Ihr jauchzet • entzückt von dem teuflischen schein •
Verprasset was blieb von dem früheren seim
Und fühlt erst die not vor dem ende.

Dann hängt ihr die Zunge am trocknenden trog •
Irrt ratlos wie vieh durch den brennenden hof •
Und schrecklich erschallt die posaune.

Der Widerchrist, von Stefan George

Quelle: Stefan George. Sämtliche Werke in 18 Bänden. Hrsg. von der Stefan George-Stiftung, Stuttgart. Band 6/7: Der Siebente Ring. Bearb. von Ute Oelmann. Klett-Cotta, Stuttgart 1986

Die Abbildung auf der vorigen Seite zeigt ein Gemälde des flämischen Malers Mabuse, eines Zeitgenossen Nostradamus'. Das Wort Mabus in den Versen des Propheten wurde immer als der dritte Antichrist interpretiert, hier wird jedoch eine viel glaubwürdigere Erklärung vorgestellt.

Der Vierzeiler am Beginn dieses Abschnitts zählt zu den bedeutendsten Versen der gesamten Nostradamus-Prophezeiungen, insbesondere dann, wenn man auf das Kommen des „Widerchrist" – oder Antichrist – wartet (den selbst die bekanntesten Deuter gern als konkrete Person darstellen) und glaubt, daß die endgültige Vernichtung bevorsteht, die ja modernen Kommentatoren zufolge Ende des Jahrhunderts zu erwarten ist.

Wie an früherer Stelle besprochen, ist es realistischer – wenn auch für manche eher enttäuschend –, davon auszugehen, daß wir selbst Urheber der Vernichtung sind. Wie sehr wir bestrebt sind, unseren Beitrag zur Zerstörung der Menschheit zu leisten, zeigte sich schon im Ersten Weltkrieg, und seit damals haben wir diesem Bestreben praktisch ohne Pause nachgegeben. Wer ist also der „Widerchrist"? Und gibt es eine andere Erklärung für „Mabus"?

Manche Deuter meinen, in den Vierzeilern finden sich zumindest drei Schlüsselbegriffe, die darauf hinweisen, daß in der jüngeren Geschichte die drei furchterregendsten Menschen auftreten, die die Welt je gesehen hat. Die erste dieser Personen war Napoleon. Als Herrscher über Frankreich brach er schreckliche Kriege vom Zaum, die Hunderttausende das Leben kosteten. Ein Vierzeiler enthält die drei Worte „PAU, NAY, OLORON", konkret am Anfang der ersten Zeile eines Vierzeilers am Anfang eines *Siècle*, wo sich oft besonders dramatische Verse finden. Diese Worte wurden dahingehend interpretiert, daß sie ein Anagramm des Namens Napoleon Roy (König Napoleon) darstellen.

Er gilt als Antichrist Nummer eins.

Die zweite Schreckensgestalt ist Hitler, und natürlich gibt es eine Reihe interessanter Vierzeiler, die auf „Hister" oder „Ister" verweisen, den Anwärter auf den Platz des Antichrist Nummer zwei.

Allerdings gibt es dafür keine wirklich schlüssigen Erklärungen, sieht man davon ab, daß es eben diese beiden historischen Persön-

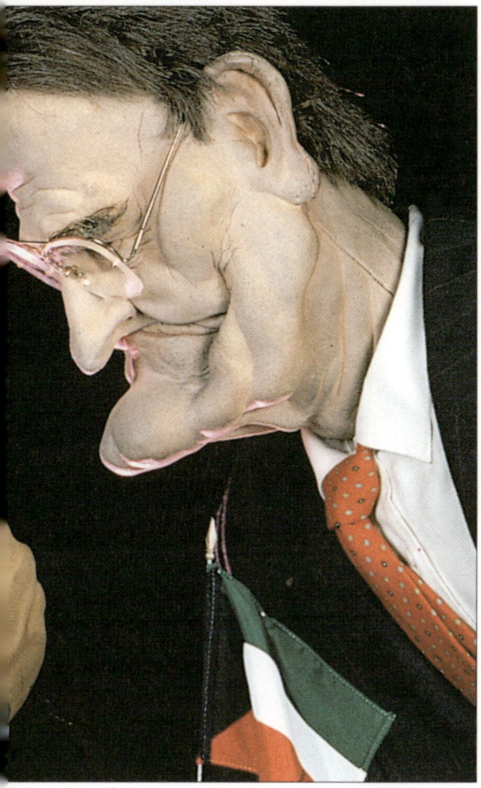

Links ~ Karikaturen von George Bush und Saddam Hussein, der manchen als der dritte Antichrist gilt.
Unten links ~ Der tartarische Kaiser Tamerlan.
Unten rechts ~ Der mongolische Eroberer Dschingis Khan – diese beiden Herrscher wurden zu verschiedenen Zeiten ebenfalls als Antichrist bezeichnet.

lichkeiten gibt und wir ihnen eine Etikette anheften können, die Nostradamus vorgab.

Beim dritten Antichrist haben wir diesen Vorteil nicht, wenn auch einige Titelanwärter vorhanden sind, etwa Khomeini, Gaddafi und Saddam Hussein, doch bislang war keiner von ihnen fürchterlich genug, um der Kreativität der menschlichen Schreckensphantasien zu genügen. Praktischerweise taucht in diesem Zusammenhang auch in den Versen Nostradamus' ein passender Name auf, nämlich „Mabus". Das Wort konnte bisher nicht entziffert werden, wohl, weil es zu furchterregend wäre, wenn man sich ausmalen würde, daß eines Tages jemand diesen Namen – oder ein Anagramm daraus – tragen könnte, vielleicht ein Mensch aus dem Nahen Osten, dem wahrscheinlich auch zwei Zähne aus dem Hals wachsen, wie es überliefert wird.

Wenn man die Geschichtsbücher zu Rate zieht, findet man jedoch eine viel plausiblere und spannendere Erklärung.

In der niederländischen Stadt Breda (im damaligen Flandern) wurde 1478 ein Mann namens Jan Gossaert geboren, der einer der berühmtesten Künstler seiner Zeit werden sollte. Berühmt war er vor allem wegen seiner Malerei im Stil der italienischen Renaissance. Jans Familie stammte aus der französischen Stadt Maubeuge. Wie viele Künstler nahm auch er einen klangvollen Künstlernamen an. Er nannte sich Mabuse, Jan Mabuse.

Seine Gemälde gehören zu den bekanntesten aus dieser Zeit, zu der übrigens auch Nostradamus lebte – als Mabuse 1532 starb, war er 26 Jahre alt. Nostradamus kannte sich in der italienischen Renaissance aus, wie jeder andere intelligente und gebildete Mensch dieser Zeit auch.

Mabuse leitete seinen Namen von der Stadt Maubeuge, zu deutsch „böser Ort", ab. Der Autor ist der festen Überzeugung, daß Nostradamus mit dem Namen dieses bekannten Zeitgenossen auf einen Ort und einen Zeitpunkt in unserem Jahrhundert hinweisen will.

In den Nostradamus-Deutungen gelten Napoleon und Hitler als die zwei berüchtigsten Verkörperungen des Antichrist. Die entsprechenden Hinweise in den Versen sind in beiden Fällen zwar plausibel, letztlich aber nicht schlüssig, und vor allem der sogenannte dritte Antichrist ist vermutlich keine Einzelperson, sondern ein Ort.

Vor dem Hintergrund dieser neuen Erklärungsmöglichkeit des Wortes „Mabus" wollen wir den gesamten Vierzeiler nochmals betrachten:

> *„Der böse Ort wird dann bald sterben, Mensch und Tier erleiden eine schreckliche Niederlage: dann plötzlich kommt die Rache, Hundert, Hand, Durst, Hunger, wenn der Komet in Bewegung ist."*

Bedenkt man, daß Nostradamus die letzten Jahre des 20. Jahrhunderts mit ihren Kriegen, Zerstörungen und Wirtschaftskrisen oft als die schlimmste Zeit bezeichnete, die die Menschheit je erleben wird, kann man sich sehr gut vorstellen, daß damit der „böse Ort" gemeint ist. Insofern ist der Antichrist keine Einzelperson mehr, der wir einfach jegliche Bosheit, Dummheit und Angst in uns aufhalsen können. Das funktionierte bei Napoleon und Hitler, doch jetzt haben wir es mit einem ganzen Lebensbereich zu tun, einem Ort. Dieser Ort ist die Welt mit all ihren Taten und Kriegen, Schrecken und Giften, für die wir verantwortlich sind.

Wie andere Vierzeiler zeigen, verwies Nostradamus gern auf Zeitgenossen oder historische Persönlichkeiten, um künftige Ereignisse zu beschreiben. Insbesondere im Fall „Mabus" ist das viel naheliegender als Deutungen mit Hilfe komplizierter Anagramme oder der Mythologie.

Links ~ Bei einem Aufruhr in Los Angeles schreitet die Polizei ein. Angesichts ständiger Unruhen und Ausschreitungen kann unser Planet im ausgehenden 20. Jahrhundert durchaus als „böser Ort" gelten.

Oben ~ Der Künstler Jan Mabuse leitete seinen Namen von der französischen Stadt Maubeuge – zu deutsch „böser Ort" – ab.

Die Vorstellung, der „böse Ort" sei unsere Welt des ausgehenden 20. Jahrhunderts, ist auch aus einem weiteren Grund durchaus plausibel. Es gehört zu den Feinheiten astrologischer Vorhersagen, daß jede Planetenkonstellation sich sowohl auf tatsächliche Handlungen von Einzelpersonen als auch auf Gruppen (Länder, Orte) beziehen kann. Diese Konstellationen deuten auf Krieg oder Hunger, Erfolg oder sonst ein typisches Ereignis im Leben hin. Man kann damit aber auch den seelischen Zustand eines Menschens oder einer ganzen Menschengruppe vorhersagen, zum Beispiel eine Massendepression und eine negative Grundhaltung, wodurch als Folge die Kriminalität steigt, die Scheidungsrate zunimmt und Beziehungen scheitern – oder aber positive Tendenzen wie eine religiöse Neubesinnung oder einen Wirtschaftsaufschwung. Das heißt, die jeweiligen Konstellationen weisen auf äußere und innere Veränderungen hin, die wechselseitig aufeinander einwirken.

Offenbar besteht auch ein Zusammenhang mit der vorherrschenden Bewußtseinsebene zu der Zeit, in der diese Veränderungen und Ereignisse stattfinden. Je niedriger die Bewußtseinsstufe eines Menschen (oder eines Landes) ist, je mehr Blindheit herrscht, desto eher wirkt sich eine Planetenkonstellation auf der äußeren, konkreten Ebene aus. Im 16. Jahrhundert etwa spielte das Individuelle im Gegensatz zu heute kaum eine Rolle. Ein Planetentransit wirkte sich also fast ausschließlich in äußeren Ereignissen aus, ohne daß man zusätzlich komplizierte innere Vorgänge mitberücksichtigen mußte.

Heute muß aufgrund des geschärften Bewußtseins davon ausgegangen werden, daß die Konstellationen sich auf verschiedensten Ebenen auswirken. Es geht jetzt nicht mehr um einen einzelnen Schreckensherrscher, der für den Tod von Millionen verantwortlich ist. Vielmehr wirken verschiedene psychische Aspekte in den einzelnen Menschen zusammen und beeinflussen das gesamte Umfeld, also die Einstellung zu politischen, gesellschaftlichen, ökologischen und psychologischen Fragen und damit zusammenhängenden Ereignissen. Kurz gesagt: wir sind unsere Welt.

Der Vers über Mabus führt uns also auf den Weg durch die Leiden der Zukunft, mit denen wir in den Jahren rund um die Jahrtausendwende konfrontiert sein werden. Wie die Vierzeiler und ihre astrologische Untermauerung verdeutlichen, ist der wichtigste Meilenstein dabei wohl die Tatsache, daß wir selbst die Verantwortung für unser Leben und unsere Zukunft tragen.

Das dicht gedrängte Reich

Der japanische Kaiser legt das Zepter nieder

„Bald wird das große Reich an einen kleinen Ort verlegt werden, der bald wachsen wird: ein sehr kleiner Ort in einem dicht gedrängten Gebiet, in dessen Mitte er sein Zepter niederlegen wird.“
S1 32

Dieser außergewöhnliche Vers stellt die Zukunft Japans Schritt für Schritt dar. Das „große Reich“ wurde von einem mächtigen Herrscher regiert, es erfuhr durch den Zweiten Weltkrieg seinen Niedergang und wurde dann „an einen kleinen Ort verlegt“, der durch einen beachtlichen Industrialisierungsschub „bald wachsen“ sollte. Es war „ein sehr kleiner Ort in einem dicht gedrängten (dicht besiedelten) Gebiet“.

Japan ist eine einzigartige Nation – eine einzige Volksgruppe, die ursprünglich zu den Mongolen gerechnet wurde. Heute leben 108 Millionen Japaner in einem rund 375 000 Quadratkilometer großen Inselreich mit einer Bevölkerungsdichte von 330 Einwohnern pro Quadratkilometer.

Durch den enormen Industrialisierungsboom in den sechziger Jahren eroberte dieses winzige Land die Welt binnen kurzer Zeit; das jährliche Wirtschaftswachstum von 12% wurde von keinem anderen Land der Welt erreicht. In den achtziger Jahren war Japan die drittgrößte Wirtschaftsmacht hinter den USA und der Sowjetunion.

Diese Entwicklung können wir auf vier kurze Zeilen zusammengefaßt nachlesen. Die letzte Zeile verweist in die Zukunft, denn anscheinend wird der Kaiser in absehbarer Zeit das Zepter niederlegen.

In der Nachkriegsverfassung von 1946 ist gesetzlich festgelegt, daß der Kaiser nur noch Symbol der Einheit des Staats und des Volkes ist. Die eigentliche Regierungsgewalt liegt in der Hand des Volkes.

Der Kaiser übt seine Position nur auf formaler Ebene aus, er ernennt zum Beispiel den Premierminister und den Vorsitzenden des Obersten Gerichtshofs. Aber es wird vorhergesagt, daß es dabei nicht bleibt, da er „... in dessen Mitte sein Zepter niederlegen wird“.

Der japanische Kaiser Akihito wird noch in diesem Jahrhundert an Macht verlieren.

Das Schicksal des Kommunismus und des Baltikums

2002 ~ Zerfall der Vereinigten Staaten und der Gemeinschaft Unabhängiger Staaten

La loi Moricque on verra déffaillir:
Aprés une autre beaucoup plus séductive:
Boristhenes premier viendra faillir:
Par dons et langue une plus attractive.
S3 95

„Das Gesetz des More wird fehlschlagen: nach einem, das verlockender ist: der Dnjepr wird als erster weichen: durch die Geschenke und die Zunge eines anderen, gewinnenderen."

Wenn Nostradamus ein wirklich erfolgreicher Prophet war, darf man wohl davon ausgehen, daß er künftige Ereignisse vorhersehen konnte, die weit über das sonstige Auf und Ab der Geschichte hinausragen. Die Entwicklung der Sowjetunion in den letzten 150 Jahren ist zweifellos eines dieser außergewöhnlichen Ereignisse. Der Vers am Anfang dieses Abschnitts ist so eindeutig, daß man es sich kaum vorstellen kann, daß Nostradamus die Zukunft so präzise voraussagen konnte. Deuter wie etwa Edgar Leoni in den sechziger Jahren, konnten den Vierzeiler praktisch nur so auslegen, daß der Fall des Kommunismus gemeint sein mußte.

Kurz gesagt, geht es in dem Vers in der ersten Zeile um das „Gesetz des More", also um die Weltanschauung, die Sir Thomas More (oder Morus) in seinem Buch *Utopia* darlegt. Auf der Utopia beruhen auch alle anderen Utopien vom Kommunismus, der jedoch „fehlschlagen" wird, wie wir erfahren. Das geschieht „nach einem, das verlockender ist", vermutlich ist damit die westliche Demokratie gemeint. Das Werk Morus' erschien zu der Zeit auf Latein, als Nostradamus' Bildungsweg begann; er hat das Buch also bestimmt gelesen. Wir erfahren als nächstes, daß der Fehlschlag in Zusammenhang mit dem Dnjepr steht, dem größten Fluß der Ukraine. Zu Nostradamus' Zeit war dieses Gebiet ein armer, unterentwickelter Teil Europas, der 300 Jahre lang zum polnisch-litauischen Staat gehörte. Es war nicht anzunehmen, daß von dort zu Lebzeiten Nostradamus' große Impulse ausgingen. In der letzten Zeile erfahren wir, wie es weitergeht, nämlich mit „Geschenken" (Wirtschaftshilfe aus anderen Ländern) und der „Zunge", das heißt, mit Gesprächen und Verhandlungen, durch die die Sowjetführer dazu gebracht wurden, den großen Schritt zu wagen, mit dem Gorbatschow und Jelzin den Kommunismus zu Fall brachten. Eine wirklich unglaubliche Prophezeiung!

An anderer Stelle findet man eine weitere vielbeachtete Prophezeiung, die sich bereits in den letzten Jahren erfüllte. Noch in den achtziger Jahren schien es eine absurde Vorstellung zu sein, daß der „Kalte Krieg" enden und die damalige Sowjetunion mit den USA Frieden schließen würde. Trotzdem sah Nostradamus genau das voraus.

„Eines Tages werden die zwei großen Meister Freunde sein. Ihre große Macht wird noch weiter anwachsen. Das neue Land (Amerika) wird am Gipfel seiner Macht stehen. Dem Mann von Blut wird die Zahl berichtet."

In einem anderen Vierzeiler findet sich die Fortsetzung der Geschichte – er reicht bereits in die Zukunft:

Links *~ Nostradamus verwendet das Buch* Utopia *von Thomas Morus, um seine Vision des Kommunismus zu veranschaulichen. Morus war der erste Autor, der die Utopie eines sozialistischen Staates darstellte.*

Oben *~ Gorbatschow setzte dem kommunistischen Regime ein Ende und brachte die Aussöhnung mit den USA, doch Nostradamus zufolge ist es damit nicht getan, im Jahr 2002 werden die beiden Großmächte wieder auseinanderfallen.*

In den Versen ist der Zerfall des Kommunismus auf der ganzen Welt dargestellt, einschließlich Chinas Entschlossenheit, den alten Kurs weiterzuverfolgen – doch kurz nach der Jahrtausendwende kommt auch hier der Umschwung.

„Die beiden werden nicht lang Verbündete bleiben:
innerhalb von 13 Jahren stehen sie vor barbarischer Macht.
Auf beiden Seiten wird der Verlust so groß sein, daß man die Barke
(des Heiligen Petrus) und seinen Umhang segnen wird.“

Die „zwei großen Meister“ sind Bush und Gorbatschow (USA und UdSSR). Die USA standen zweifelsohne am Höhepunkt ihrer Macht, als die Sowjetunion zu zerbröckeln begann. Die Zeile „Dem Mann von Blut wird die Zahl berichtet“ bezieht sich auf die Entführung Gorbatschows durch die letzten Gefolgsleute der alten Machthaber im Kreml. Anscheinend werden die Gemeinschaft Unabhängiger Staaten und die Vereinigten Staaten nach 13 Jahren zerfallen, das wäre in etwa im Jahr 2002.

Anfang 1993, als dieses Buch geschrieben wurde, kämpfte die Gemeinschaft Unabhängiger Staaten mit Problemen, die sie als Erbe der Jahrzehnte des Kommunismus übernommen hatte, doch die einzelnen Staaten hatten einander noch nicht den Krieg erklärt.

Die Union der Sozialistischen Sowjetrepubliken war das größte Land der Welt, sie nahm das ganze nördliche Asien ein, auf einer Fläche von über 22 Millionen Quadratkilometern lebten 1990 mehr als 290 Millionen Menschen. Und das war nur die Sowjetunion; die kommunistische Einflußsphäre erstreckte sich aber weit über die Grenzen der UdSSR hinaus. China ist nach wie vor bestrebt, am Kommunismus festzuhalten, obwohl das nicht über das Jahr 2001 hinaus gelingen wird, wie man auf den folgenden Seiten sehen kann.

Wir wissen, welche schrecklichen Folgen der Zerfall Jugoslawiens nach sich zog. Der Bruch zwischen Bosnien und den anderen Ländern der Region ist womöglich erst der Anfang weiterer Unruhen in den ehemaligen kommunistischen Ländern, doch Nostradamus zeichnet ein optimistischeres Bild.

Libra verra regner les Hesperies,
De ciel et terre tenir la monarchie:
D'Asie forces nul ne verra péries,
Que sept ne tiennent par rang la hiérarchie.
S4 50

Oben *~ „Checkpoint Charlie“*
Rechts *~ Die ersten Risse in der Perestroika. Auch wer die Veränderungen der letzten Jahre selbst miterlebt hat, empfindet sie oft als zu dramatisch, um wahr zu sein. Wer hätte sich Mitte der achtziger Jahre vorstellen können, daß die Berliner Mauer abgerissen würde und die kommunistische Sowjetunion noch in diesem Jahrhundert zerfällt? Doch Nostradamus sah diese Ereignisse schon vor 400 Jahren voraus und wußte auch um die Folgen dieser außergewöhnlichen Entwicklung und deren spätere Auswirkungen auf die ganze Welt.*

„Die Waage (oder Gerechtigkeit) wird die Hesperiden (den Westen) herrschen sehen, Himmel und Erde sind von der Monarchie gehalten. Asiens Macht wird nicht schwinden, solange sieben die Hierarchie in Ordnung halten."

Die Waage steht für Gerechtigkeit und Ausgewogenheit, die Macht der Gesellschaftsordnung. Diese Werte werden offenbar von den westlichen Demokratien aufrechterhalten. Die Demokratie wird sich gegen den Kommunismus behaupten („... Himmel und Erde sind von der Monarchie gehalten"). Asiens Macht, hier die Macht der früheren UdSSR, wird nicht schwinden, solange die sieben Staaten des Warschauer Pakts (nur sie kommen hier als Gruppe von sieben Ländern in Frage) stark genug sind, um die kommenden großen Veränderungen durchzustehen. Die sieben Staaten sind die Baltischen Staaten (früher Teil der UdSSR), das damalige Ostdeutschland (DDR), Polen, Rumänien, Ungarn, die Tschechoslowakei und Bulgarien.

Das lateinische Wort „hesperia" bedeutet Land des Westens, es ist vom griechischen „Hesperos" hergeleitet und bezeichnet den Abendstern, den Bruder des Atlas und Vater der „Töchter der Nacht".

Nostradamus meint in diesem Vers, daß die Struktur dieser Länder wie ein sorgfältig genähtes Korsett für einen schwächlichen Körper stets in Ordnung gehalten werden muß, damit die Auflösung der kommunistischen Organisationen möglichst reibungslos vonstatten gehen kann.

Zur Verdeutlichung des astrologischen Hintergrunds läßt sich das Geburtshoroskop des ursprünglichen Warschauer Pakts heranziehen, wesentlich ist der Aszendent in 16,5° Löwe.

In diesem Buch werden immer wieder Geburtshoroskope (Geburtsbilder) verschiedener Länder besprochen. Man erstellt sie nach dem gleichen Prinzip wie ein Horoskop für einen Menschen. Wie jeder Mensch zu einer bestimmten Tages- oder Nachtzeit auf die Welt kommt, gibt es auch für ein Ereignis, etwa die Gründung eines Staates, eine bestimmte Geburtszeit, die als Ausgangspunkt zur Erstellung eines Horoskops dient. Zum besseren Verständnis der einzelnen Deutungen ist jeweils auch das entsprechende Geburtshoroskop abgebildet.

Das Geburtsbild des Warschauer Pakts auf der folgenden Seite zeigt, daß der Transit-Pluto ab den achtziger Jahren bis etwa Ende 1992 ein Quadrat (ungünstiger Aspekt) zu diesem Aszendenten bildete. Es steht uns auch ein Geburtshoroskop für das bolschewistische

Nostradamus zufolge werden die Baltischen Staaten nicht den Weg der Republiken des früheren Jugoslawien gehen.

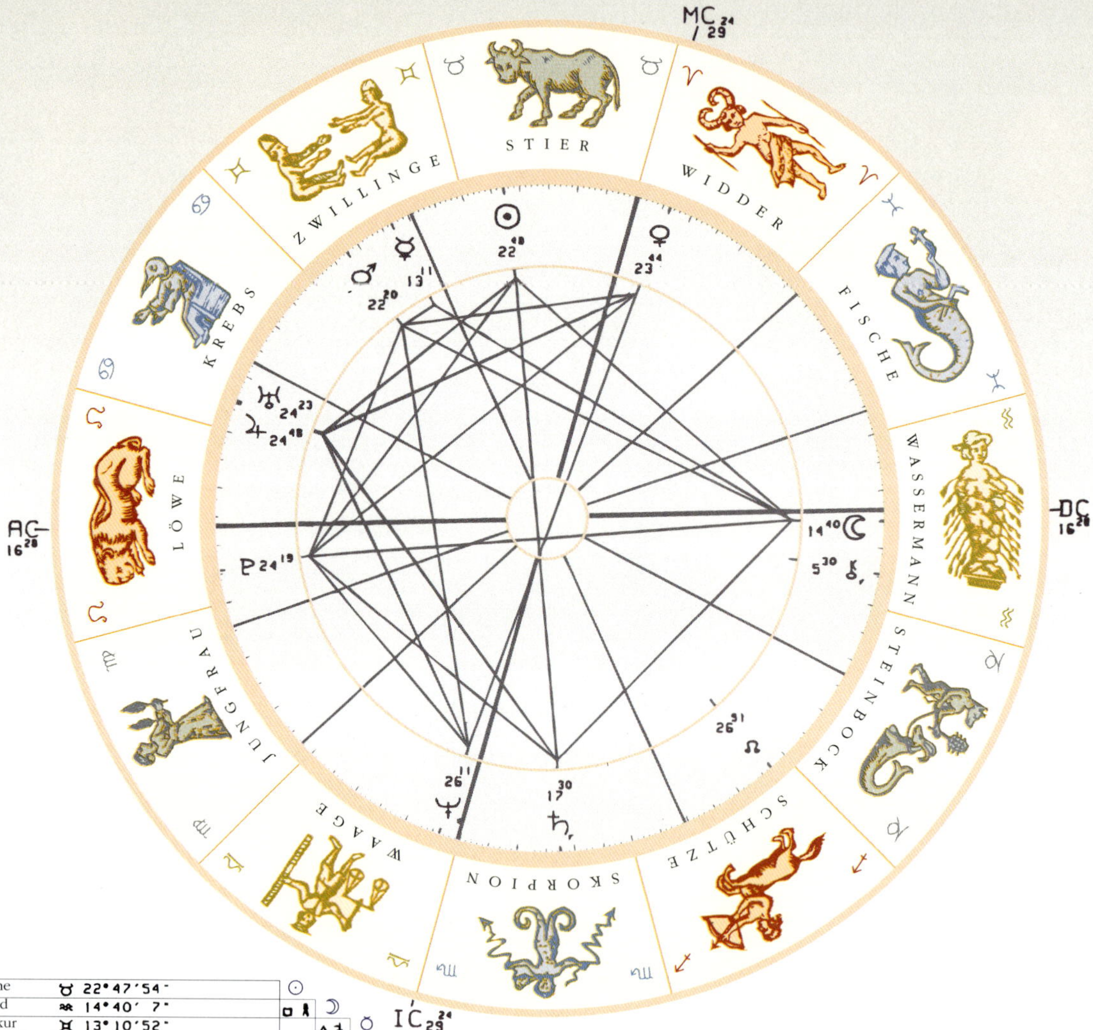

☉ Sonne	♉ 22°47′54″		
☽ Mond	♒ 14°40′ 7″		
☿ Merkur	♊ 13°10′52″		
♀ Venus	♈ 23°44′14″		
♂ Mars	♊ 22°19′52″		
♃ Jupiter	♋ 24°47′44″		
♄ Saturn	♏ 17°29′35″ r		
♅ Uranus	♋ 24°23′27″		
♆ Neptun	♎ 26°10′44″ r		
♇ Pluto	♌ 24°18′51″		
☊ Mondknoten	♐ 26°50′40″	⚷ ♒ 5°30′10	
AC: ♌ 16°28′ 6″	2: ♍ 4°12′	3: ♍ 27°33′	
MC: ♈ 29°23′44″	11: ♊ 9°25′	12: ♋ 17°15′	

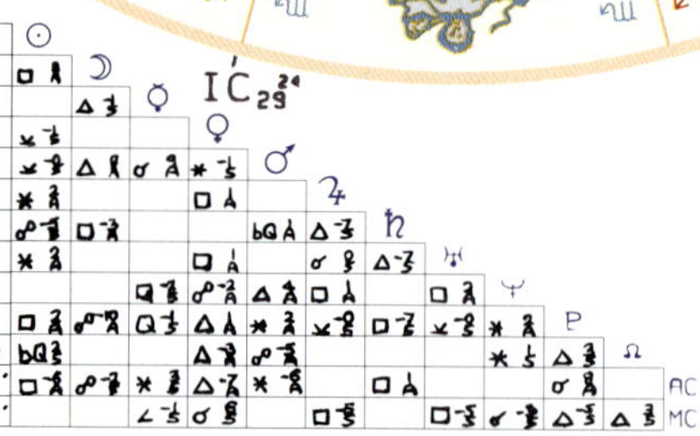

	Kardinalzeichen	feste Zeichen	bewegliche Zeichen
Feuer	♀ MC	♇ AC	☊
Luft	♆	☽	☿ ♂
Erde		☉	
Wasser	♃ ♅	♄	

WARSCHAUER PAKT

Datum: 14. Mai 1955 ❖ Zeit: 10:00 ❖ Ort: Warschau ❖ 21°00' östl. Länge ❖ 52°15' nördl. Breite ❖ MGZ: 9:00 ❖ Sternzeit: 1:49:20

Oben ~ *Militäreinsatz bei Konflikten in Litauen.*

Links ~ *Als Ausgangspunkt für die astrologische Reise von der Vergangenheit in die Zukunft wird hier erstmals das Geburtshoroskop eines Landes herangezogen. Mit der Geburt des Warschauer Pakts sind bestimmte Merkmale verbunden, die Aufschluß über die ehemaligen Ostblockstaaten und ihre Entwicklung Ende dieses und Anfang des nächsten Jahrhunderts geben. Geburtshoroskope von Ländern sind insofern hilfreich, als sich die Prophezeiungen damit besser wissenschaftlich untermauern lassen. Bei der Geburt eines Staates oder eines Vertrags geht man dabei nicht anders vor als bei der Geburt eines Menschen; man betrachtet die Stellung der Planeten, deren Einfluß zur Zeit der Geburt spürbar ist, und kann daraus den Charakter des Staates und somit künftige Entwicklungstendenzen erkennen.*

Rußland zur Verfügung, darin steht die Sonne im Skorpion, genau im Aszendenten für den Warschauer Pakt, und in demselben Dreijahres-Zeitraum erfolgt ein Durchgang des Pluto.

Das deutet auf große Veränderungen und wichtige Strömungen im ganzen Land hin, mit dem Zusammenbruch des Kommunismus in dieser Region bestätigte sich diese Vorhersage. Astrologisch gesehen, ist das Schlimmste vorüber, man kann also annehmen, daß die „sieben" in der Lage sein werden, die Struktur der Baltischen Staaten ohne weitere große Konflikte zusammenzuhalten.

Nouvelle et pluie subite, impétueuse
Empêchera subit deux exercites.
Pierre ciel, feux faire la mer pierreuse,
La mort de sept terre et marin subites.
S2 18

„Auf einmal verhindert neuerlich schwerer Regen plötzlich zwei Übungen (wahrscheinlich Militärmanöver). Steine vom Himmel, Feuer macht das Meer steinig, plötzlich der Tod von sieben Land und Meer."

Dieser Vierzeiler wurde unterschiedlich interpretiert: als Niedergang des Ostblocks, als unerklärliches Zusammentreffen von Naturereignissen oder auch als Krieg während der Herrschaft Heinrichs III. von Frankreich im Jahr 1587. Verwirrend ist vor allem der Umstand, daß in der letzten Zeile des französischen Textes das Wort „terre" in der Einzahl steht, es können daher nicht die bewußten „sieben" gemeint sein. Das heißt, es geht nicht um sieben Länder und daher auch nicht um den Ostblock.

Wenn aber doch plötzlich schwere Unwetter ausbrechen und zugleich Steine ins Meer fallen, so daß zwei Militärmanöver abgesagt werden müssen, wird in diesem Vierzeiler vorausgesagt, daß die sieben Länder des damaligen Ostblocks nicht in der Lage sein werden, das jetzige labile Gleichgewicht innerhalb der Region aufrechtzuerhalten. Aber diese Gefahr ist nicht wirklich ernstzunehmen.

Das kommunistische China ist das letzte verbleibende Bollwerk einer Ideologie, die weltweit im Aussterben begriffen ist. Nostradamus zufolge werden die alten Machthaber Chinas bald abtreten, so daß die junge Generation endlich ihren Weg gehen kann.

Links *~ Massenveranstaltung in Nordkorea zur Stärkung des kommunistischen Ideals.*

Das Horoskop für China

2002 ~ Ende des chinesischen Kommunismus

Die Volksrepublik China wurde am 1. Oktober 1949 zu Mittag ausgerufen. Wie bei Ostdeutschland besteht auch hier eine Konjunktion von Sonne und Neptun in der Waage, das deutet auf dieselbe utopische Philosophie hin. Allerdings findet sich daneben auch eine Konjunktion von Mars und Pluto im Löwen, und diese steht für größte Rücksichtslosigkeit. In den Jahren 2011 und 2012 steht der Pluto während des Durchgangs durch den Steinbock im Quadrat zur Geburtsssonne Chinas. Das bedeutet eine große Umwälzung in der Regierungsstruktur.

In der Zeit zwischen 2001 und 2003 durchquert der Pluto den Aszendenten des kommunistischen China in 16° Schütze, das bedeutet politisch-religiösen Idealismus oder einen gewissen Fanatismus ähnlich dem religiösen Fanatismus, wie er derzeit etwa bei fundamentalistischen Christen in Amerika zu finden ist. Der Transit des Pluto bedeutet, daß das kommunistische China Anfang des nächsten Jahrhunderts vor schwerwiegenden Problemen stehen wird, wenn diese Schwierigkeiten auch kaum offen zutage treten und erst rund zehn Jahre später, ungefähr 2011, für die ganze Welt sichtbar werden. Dann nämlich besteht ein Quadrat zwischen der Geburtssonne und dem Pluto. Nostradamus' Haltung zum kommunistischen China zeigt sich in *Siècles* 4, Vers 32, wo er schreibt:

> *„An Orten und Zeiten des Fleisches gibt es Fisch (oder Fischfleisch), das Gesetz der Gemeinschaft wird dann ins Gegenteil verkehrt: es wird für die Alten stark bleiben und dann aus der Mitte verschwinden, die Liebe zu allem Gemeinschaftlichen wird weit zurückliegen."*

Fast alle Prophezeiungen, in denen sich Nostradamus mit dem Kommunismus befaßt, enthalten Hinweise auf die Ukraine, so daß sie in den Deutungen meist mit dem kommunistischen Rußland oder mit der UdSSR in Verbindung gebracht wird. Hier findet sich allerdings nur eine ziemlich unklare Anspielung auf „Fleisch" und „Fisch", mit

der ein christlicher Ort gemeint sein kann, aber auch einfach eine Gegend, in der viel Fisch gegessen wird. Diese Zeile des Verses läßt keinen sicheren Rückschluß darauf zu, daß konkret China gemeint ist. Doch angesichts der Tatsache, daß es weder um die Sowjetunion noch um die DDR geht, kommt China als die zweite große kommunistische Machtsphäre in Frage. Der wichtigste Teil des Verses ist die Zeile „… es wird für die Alten stark bleiben und dann aus der Mitte verschwinden“. Mit den „Alten“ sind die jetzigen Machthaber in China gemeint, die bis zum Jahr 2001 „aus der Mitte verschwinden“; sie werden einer neuen Regierung Platz machen müssen, deshalb wird „die Liebe zu allem Gemeinschaftlichen weit zurückliegen“.

Oben ~ *Flaggenparaden waren untrennbar mit dem kommunistischen Idealismus verbunden, heute begegnet man ihnen zunehmend mit Skepsis.*

Rechts ~ *Eingang zur „Verbotenen Stadt“, dem Mao-Mausoleum. Nostradamus schreibt, daß diese Bastion nicht lange standhalten wird und es in China Anfang des nächsten Jahrhunderts zum großen Umbruch kommt, im Zuge dessen das Regime gestürzt wird. Damit hat die Welt dann zumindest diese Art menschlicher Unterdrückung abgeschüttelt.*

Das Zeitalter der Iris

2015 ~ Der Beginn des Goldenen Zeitalters

In Nostradamus' *Siècles* ist der erste Abschnitt der Prophezeiungen besonders aufschlußreich. Es gibt keine unmittelbaren Hinweise darauf, wie die Vierzeiler zustandekamen, ob er einen Vers nach dem anderen schrieb, mehrere Verse pro Nacht, oder ob er sie über eine längere Zeitspanne hinweg verfaßte und dann in eine bestimmte Reihenfolge brachte, so daß die künftigen Ereignisse, die er vorhersah, in Gruppen angeordnet waren. Hin und wieder jedoch erkennt man eine fortlaufende, mehrere Vierzeiler lange Geschichte. In den ersten *Siècles* behandelt er in den Versen 15 bis 17 anscheinend ein durchgehendes Thema:

Mars nous menace par sa force bellique,
Septante fois fera le sang épandre:
Auge et ruine de l'Ecclésiastique et plus ceux qui
Deux rien voudront entendre. Faux à létang
Joint vers le Sagittaire en son haut AUGE de
L'exaltation, peste, famine, mort de main militaire:
Le siécle approche de rénovation.
Par quarante ans l'Iris n'apparaitre,
Par quarante ans tous les jours sera vu:
La terre aride en siccité croâtra,
Et grands déluge quand sera apercu.

„Mars bedroht uns mit kriegerischer Stärke, siebzigmal wird er das Blut fließen lassen: Niedergang und Zerstörung des Klerus und mehr noch für jene, die nichts davon verstehen wollen. Die Sichel verbindet sich am Teich mit dem Schützen auf der Höhe des Aszendenten, Seuche, Hunger, Tod durch die Hand des Militärs: das Jahrhundert nähert sich der Erneuerung. 40 Jahre wird die Iris nicht erscheinen, 40 Jahre lang wird sie jeden Tag zu sehen sein: Die trockene Erde wird noch stärker ausgedörrt, und große Überschwemmung wird es geben, wenn sie erscheint."

Die Iris war für Nostradamus ein bedeutsames Symbol, er verwendete sie auch als Naturheilmittel. Gebrauchte er das Wort Iris auch in der Bedeutung „Regenbogen", oder war es bloß der Name einer Blume und sonst nichts?

Diese drei Verse enthalten eine Reihe von Schlüsselbegriffen, doch zunächst wollen wir die zeitliche Reihenfolge der Ereignisse bestimmen. Der astrologische Hinweis auf Teich und Sichel im Aszendenten Schütze führt uns zu einem genauen Datum, dem 16. Januar 2015; dann besteht diese Konjunktion das nächste Mal. Die letzte derartige Konjunktion gab es 1985. Mit der Vorhersage von „Seuche, Hunger, Tod durch die Hand des Militärs" hatte Nostradamus recht – Anfang des nächsten Jahrhunderts werden uns solche Szenarien bestens bekannt sein. Nostradamus schreibt, daß vor dieser Zeit, vom Anfang des 20. Jahrhunderts an, 70 Jahre lang Krieg herrschen wird.

Doch dann kommen wir zum letzten Abschnitt dieser Verse. Es scheint fast, als würden uns die drei Vierzeiler den Weg von der Gegenwart in die Zukunft weisen, von Kriegen, Seuchen, Hunger und dem Niedergang der Kirche hin zu einer Zeit, in der die „Iris" größere Macht als das Leiden hat. Nostradamus verwendet das Wort „Iris" in der ursprünglichen französischen Bedeutung, und es liegt an uns herauszufinden, wie er es meint. „Iris" ist der lateinische Ausdruck für „Regenbogen", die griechische Göttin Iris war die Göttin des Regenbogens und hatte die Aufgabe, Wasser aus dem Fluß Styx zu holen, wenn die Götter ein heiliges Ritual vollführen wollten. Die Annahme ist daher naheliegend, daß Nostradamus sich darauf bezog – zumindest, wenn man nicht weiterforscht. Deuter wie Erica Cheetham und Edgar Leoni nahmen den Begriff „Regenbogen" entgegen den Gepflogenheiten wörtlich, dann wäre Regen oder Mangel an Regen gemeint. Das hieße, daß 40 Jahre lang kein Regen fallen und es dann 40 Jahre lang jeden Tag regnen würde. Doch Nostradamus deutet an, daß diese beiden Phänomene gleichzeitig auftreten und nicht hintereinander.

Die Erde wird Schauplatz sowohl heftiger Regenfälle als auch großer Dürre. Unter welchen Umständen kann es das geben? Vielleicht ist mit der Iris doch kein Regenbogen, sondern einfach eine Blume gemeint?

Wir wollen hier kurz innehalten und noch einmal auf die Person des Propheten eingehen.

Der Mann der Blumen

Dr. de Nostredame war ein revolutionärer Arzt. Er lehnte die gängige Behandlung durch Aderlaß ab und ging stattdessen hinaus in die Natur und sammelte Rosenblätter (oder vielleicht verschiedenste Blütenblätter), die er in sein behelfsmäßiges Laboratorium in der Stadt brachte. Er trocknete und zerstampfte sie, um sie zu einem Pulver zu verarbeiten. Dieses Pulver legte er seinen Patienten unter die Zunge; er hatte damit ein hervorragendes Heilmittel hergestellt.

Von Nostradamus weiß man nur sicher, daß er Rosenblätter als Arznei gegen die Pest verwendete, wahrscheinlich beschränkte er sich aber nicht auf eine einzige Blume. Außerdem hatte er bestimmt genaue Kenntnisse auf dem Gebiet der Homöopathie, schließlich war er ja auch Kosmetikkundiger.

Unter seinen Naturheilmitteln hatte bestimmt auch die Iris einen wichtigen Stellenwert. Betrachtet man deren Anwendungsmöglichkeiten, so ergibt diese Prophezeiung vielleicht einen ganz anderen Sinn.

Die Iris ist ein *Schwertliliengewächs*, von dem vor allem die Arten *Iris florentina, Iris pallida* und *Iris germanica* für ihre Heilwirkungen bekannt sind. Aus den getrockneten Pflanzen gewinnt man die sogenannte Iriswurzel, deren Öle zur Herstellung von Parfum und Seifen dienen. Das übrige Pulver findet in der Naturheilkunde Verwendung, insbesondere dient es zur Behandlung von Depressionen.

Bei einem Doktor der Naturheilkunde, Poeten und Propheten kann man eher davon ausgehen, daß er schlicht und einfach „Iris" meinte,

Der Mann der Blumen stellte wirksamere Heilmittel zusammen, als seine Berufskollegen mit ihrer Fixiertheit auf Knoblauch zustande brachten. Mit Nostradamus' Arzneien ließ sich die Pest erfolgreich heilen, so daß er in der Medizinerzunft als Revolutionär verrufen war.

wenn er das Wort „Iris“ in einem Vierzeiler verwendete. Vor diesem Hintergrund wollen wir den letzten der drei Verse noch einmal genauer betrachten.

„40 Jahre wird die Iris nicht erscheinen,
40 Jahre lang wird sie jeden Tag zu sehen sein: Die
trockene Erde wird noch stärker ausgedörrt, und große
Überschwemmung wird es geben, wenn sie erscheint.“

Bei der Bestimmung der zeitlichen Abfolge haben wir schon gesehen, daß dieser Vers das Ende dieses und den Anfang des nächsten Jahrtausends behandelt, vielleicht eine Zeitspanne von 40 Jahren? 40 Jahre, die von allgemeiner Depression, Krieg, Hunger und Seuchen geprägt sind, in denen die Iris – im übertragenen Sinn – nirgends zu sehen ist. Doch dann, in den nächsten 40 Jahren des neuen Jahrtausends, haben wir vielleicht Tag für Tag direkt vor Augen, wie die Heilung von dieser Depression fortschreitet. Zufällig, oder wohl gar nicht zufällig, wird das Zeitalter des Wassermanns etwa um das Jahr 2050 voll wirksam, das heißt, rund 40 Jahre nach dem Jahr 2015, in dem die astrologische Konjunktion besteht, von der wir am Anfang der erwähnten Prophezeiung gehört haben. Man kann davon ausgehen, daß dann das Goldene Zeitalter beginnt, das Zeitalter der Iris.

Das Goldene Zeitalter

2000 ~ 1000 Jahre des Friedens

Oben ~ *Die Apokalypse: der Drache ist gefesselt und wird in einen unendlichen Abgrund gestürzt. Die Zeichnung aus dem 13. Jahrhundert illustriert die Geheime Offenbarung des Johannes.*

„… en aprés l'Antéchrist sera le prince infernal, encore par la derniére fois trembleront tous les Royaumes de la Chrétient, et aussi des infideles, par l'espace de vingt cinq ans, et seront plus griéves geurres et batailles, et seront villes, cités, chateaux et tous autres édifices brulés, désolés, détruits, avec grande effusion de sang vetsal, mariées, et veuves violées, enfants de lait contre les murs des villes allidez et brisés, et tant de maux se commettront par le moyen de Satan, prince infernal, que presque le monde universal se trouvera défait et déesolé: et avant ineux avnements aucuns oiseaux insolites crieront par l'air: Hui, hui, et seront aprés quelque temps évanouis. Et aprs que tel temps aura duré longuement, sera preque renouvelé un autre regne de Saturne, et siécle d'or: Dieu le Créateur dira entendant l'affliction de son peuple Satan sera mis et leé en l'abime du barathre dans la profonde fosse: et adonc commencera entre Dieu et les hommes une paix universelle, et demeurera lié environ l'espace de mille ans, et tournera en plus grande force, la puissance Ecclésiastique, et puis tourne délié."

„Danach wird der Antichrist zum letzten Mal als Höllenfürst herrschen. Alle Königreiche der Christenheit, selbst jene der Ungläubigen (des Islam) werden über einen Zeitraum von 25 Jahren erzittern. Noch verheerendere Kriege und Schlachten werden geschlagen, und Dörfer, Städte, Schlösser und alle anderen Gebäude werden verbrannt, verheert und zerstört sein, und viel Blut von Jungfrauen wird vergossen werden, verheiratete Frauen und Witwen werden geschändet und Säuglinge an den Stadtmauern zerschmettert. Durch Satan, den Höllenfürsten, wird soviel Böses geschehen, daß fast die ganze Welt zerstört und verwüstet zurückbleibt. Bevor dies geschieht, werden seltene Vögel in den Lüften schreien: Heute, heute, und bald darauf werden sie verschwinden. Wenn all das lang genug gewährt hat, wird die Herrschaft des Saturn fast von neuem beginnen, und ein Goldenes Zeitalter. Gott, der Schöpfer, wird die Not seines Volkes hören und befehlen, daß Satan in die unendliche Tiefe des Abgrunds geworfen und dort gefesselt wird. Dann wird ein allumfassender Friede zwischen Gott und dem Menschen beginnen, und Satan wird etwa tausend Jahre gefesselt bleiben und dann wieder losgebunden werden."

Utopische Ideale brachten in der Geschichte der Menschheit meist die Hölle und nicht das Paradies. Hitlers Ideen waren nicht weniger utopisch als die Philosophie des Kommunismus. Der Grund dafür ist nicht der Traum von Utopia an sich, sondern es liegt quasi in der Natur des Menschen, Träume zu zerstören. Nostradamus behauptet nicht, daß wir ein Utopia finden werden, sondern daß kurz nach der Jahrtausendwende eine lange Zeit des Friedens beginnt. Mehr als 1000 Jahre lang wird der Krieg für die Menschen eine untergeordnete Rolle spielen. Diese Vorstellung scheint jetzt, am Ende des Jahrhunderts, fast absurd, doch die Vorhersagen sind glaubwürdig und wurden auch von anderen Propheten bestätigt.

Angesichts der Katastrophen und des Chaos dieser Zeit scheint die Vorstellung naheliegend, daß sich die Menschheit auf der Fahrt hinab in die Hölle befindet und der Weltuntergang nicht mehr aufzuhalten ist. Nach einer langen Epoche voller Kriege scheint eine andere Welt kaum noch vorstellbar. In den meisten Deutungen der Prophezeiungen wird an diesem Bild festgehalten: ihnen zufolge ist und bleibt Nostradamus ein Unheilsverkünder und sonst nichts, schließlich liefern die Vierzeiler den Beweis dafür. In Wirklichkeit aber sind wir einfach darauf getrimmt, nur die Unglücksbotschaften darin wahrzunehmen, obwohl die Prophezeiungen viel mehr enthalten. Im letzten Abschnitt dieses Kapitels über die Weltpolitik wollen wir darangehen, die positiven Aspekte der Vorhersagen des berühmte Arztes und Unheilsboten aufzuspüren. Sie betreffen Ereignisse, die im nächsten Jahrhundert ihren Lauf nehmen werden.

St. Marks East
316
KNOCK
OUT

Wer an eine solche Umgebung nicht gewöhnt ist, fühlt sich auf einer Straße wie dieser im New Yorker Stadtteil Harlem sehr unsicher. Die Häuser stehen leer und sind mit Graffiti beschmiert, was die Passanten gar nicht bewußt wahrnehmen. Wenn es nach den pessimistischen Nostradamus-Deutern ginge, müßten wir alle spätestens 1999 so leben. Bei näherer Betrachtung der prophetischen Verse ergibt sich jedoch ein anderes Bild.

Vom Goldenen Zeitalter spricht Nostradamus sowohl im Vorwort an seinen Sohn als auch im Brief an König Heinrich II., der am Beginn dieses Abschnitts auszugsweise wiedergegeben wurde.

„Denn die Zeichen des Himmels zeigen, daß das Goldene Zeitalter wiederkehren wird, und zwar, wie die Berechnungen ergeben, ... wenn die Welt von der allumfassenden Umwälzung bedroht ist ... Das wird nach dem sichtbaren Urteil des Himmels geschehen, bevor wir noch das Jahrtausend erreicht haben, in dem sich alles vollenden wird."

Dieser Ausschnitt aus Nostradamus' Vorwort an seinen Sohn zeigt, welcher Schritt innerhalb des großen Plans als nächstes folgen wird. Am Anfang dieses Kapitels wurde erläutert, wie sich durch seine exakte Datierung der Zeitpunkt vorhersagen ließ, an dem Jean-Jacques Rousseau nach Paris kam, nämlich 177 Jahre, 3 Monate und 11 Tage nachdem Nostradamus den Text verfaßt hatte. Damit begannen der Niedergang der katholischen Kirche sowie die Französische Revolution. Als nächster Schritt folgt die „Umwälzung", die Revolution, eine Art Weltuntergang auf Raten, eine Zeit des Chaos und der Zerstörung. Wie gesagt, deuteten viele Interpreten diese Textpassage dahingehend, daß es im letzten Jahr dieses Jahrtausends zu einem gewaltigen Dritten Weltkrieg kommen wird.

Wir haben bereits einen Vorgeschmack auf einige der Ereignisse, die uns am Ende dieser Epoche erwarten, erhalten, insbesondere in den kommunistisch regierten Ländern. Wie Nostradamus schreibt, ist dann „... die Welt von der allumfassenden Umwälzung bedroht". Damit ist die Gegenwart gemeint, denn „das wird nach dem sichtbaren Urteil des Himmels geschehen, bevor wir noch das Jahrtausend erreicht haben, in dem sich alles vollenden wird".

Auf dem Weg zur Weltregierung

Par l'univers sera fait un Monarque,
Qu'en paix et vie ne sera longuement:
Lors se perdra la piscature barque,
Sera régie en plus grand dtriment.
S1 4

„Für die Welt wird ein Monarch erstehen, der nicht lange Frieden haben und nicht lange leben wird: dann wird das Fischerboot (das Papsttum) verloren gehen, die Herrschaft wird auch großen Schaden bringen."

Betrachten wir die Abfolge der Ereignisse, wie Nostradamus sie in den Vierzeilern beschreibt, so zeigt sich, daß er das Ende der katholischen Kirche sehr klar vorhersah (siehe Kapitel 5). Als Zeitpunkt für ihren Niedergang nennt er die Jahrtausendwende, und wenn wir diese Prophezeiung ernst nehmen, kann sie als Anhaltspunkt für den Vierzeiler am Anfang dieser Seite dienen.

Nostradamus schreibt, daß die Welt von einem einzigen Herrscher regiert werden wird. Das setzt allerdings eine Weltregierung voraus. Weltweit gibt es nur in der Europäischen Union ernstzunehmende Versuche, mehrere bestehende Staatsgebilde zu einer Einheit mit einer gemeinsamen Führungsspitze zusammenzufassen. Ist dieses Vorhaben erfolgreich (siehe Kapitel 4), ist es wohl richtungweisend für die Einheitsbestrebungen der anderen Länder auf der Welt. Anscheinend besteht in den neunziger Jahren eine verstärkte Bereitschaft, sich enger aneinander zu binden, doch andererseits bleibt bei vielen Ereignissen und Haltungen das Trennende weiterhin im Vordergrund. Die einzelnen Länder kämpfen um ihre Eigenständigkeit, doch zugleich sind sie immer stärker aufeinander angewiesen, damit sie die Veränderungen im neuen Zeitalter überstehen können.

Die UNO nimmt ihre friedensstiftende Aufgabe s dem Zweiten Weltkrieg sehr ernst. Auch die USA greifen bei Kriegen zwischen anderen Ländern als eine Art Weltpolizei ein. Als nächster Schritt kommt der Einsatz eines internationalen Verba zur Überwachung lokaler Konflikte.

UN
UN

BETA

Viele Denker unserer Zeit glauben, man brauche internationale Streitkräfte, um dem Krieg ein Ende zu setzen. Diese Streitkräfte müßten sehr durchschlagskräftig sein, sie bräuchten also Atomwaffen. Doch einen Krieg durch Kriegsdrohungen zu verhindern, ist nicht die beste Lösung. Das Bild zeigt eine Demonstration von Kernenergiegegnern in London im April 1987 zum Jahrestag der Katastrophe von Tschernobyl.

Unser Bedürfnis nach einer funktionierenden Weltregierung für die Erde kommt daher, daß wir vom Krieg geprägt sind. Doch aus demselben Grund stößt dieser Wunsch auf Widerstand. Die Vereinten Nationen wurden eigentlich gegründet, um nach den Schrecken der beiden Weltkriege weitere Kriege zu verhindern. Auch heute noch versucht die UNO, in kriegführenden Ländern wie Bosnien und Kroatien friedenserhaltende Maßnahmen zu setzen, und im Golfkrieg zwischen dem Irak und den westlichen Alliierten konnte man völkerrechtliche Grundsätze einmahnen, die die UNO ausgearbeitet hatte.

Viele Denker unserer Zeit glauben, daß man nationale Konflikte und chaotische Zustände innerhalb von Staaten nur beenden kann, wenn es eine internationale Militärmacht gibt, deren abschreckende Wirkung so groß ist, daß kein Land mehr es wagt, sich über Vereinbarungen hinwegzusetzen. Dem liegt die Annahme zugrunde, daß es dann keinen Spielraum mehr für kriegerische Auseinandersetzungen gibt und die Menschen daher einen Krieg nicht mehr als Möglichkeit der Konfliktlösung in Betracht ziehen. Da der Mensch offenbar nicht intelligent genug ist, um sich auf gewisse Grundwerte zur Vermeidung aggressiver Handlungen zu einigen, besteht die einzige Chance darin, Kriegsgelüste zu unterdrücken. Man kann den Krieg nur durch massive Todesdrohungen verhindern. In gewisser Weise wurde diese Theorie auch in die Praxis umgesetzt, nämlich seit der Erfindung und dem Test von Atombomben, die ja gegen Hiroshima und Nagasaki wirklich eingesetzt wurden. Durch die atomare Abschreckung kann man manche Länder vielleicht davon abhalten, andere anzugreifen.

Nostradamus schreibt in seinen Versen, daß der erste Versuch, eine Weltregierung zu gründen, von kurzer Dauer sein wird und ihr erstes Oberhaupt (ihr „Monarch“) wenig Erfolg haben und auch nicht lange leben wird. Doch wir befinden uns in einem Zeitalter der Experimente, und vielleicht kommt es Anfang des 21. Jahrhunderts zu einem neuen Versuch in diese Richtung. Dieser Vierzeiler deutet darauf hin.

Kapitel 3

Die Entwicklung in den USA

„Die Könige und Prinzen werden Gesetze erlassen, Hellseher werden hohle Vorhersagen treffen: die Erdmutter, das goldene Opfer und der blaue Himmel werden beißend scharf. Deutungen werden ausgegraben."

„Sie werden kommen und über leere Taschen klagen und über die Auswahl weinen: immer wieder werden Fehler gemacht. Sie werden nicht länger von ihnen geführt werden wollen, denn durch ihre Worte werden sie getäuscht."

In diesem Kapitel sollen die Vereinigten Staaten im Licht der poetischen Verse des Propheten unter die Lupe genommen werden. Um uns diese Aufgabe zu erleichtern, ziehen wir das Geburtshoroskop der Vereinigten Staaten heran. Das genaue Geburtsdatum ist der 4. Juli 1776, 17:14 Uhr Ortszeit (aus: *The Astrology of America's Destiny* von Dane Rudhyar, Random House 1974). Zu diesem Zeitpunkt erklärte sich Amerika einseitig unabhängig von England.

Mit Hilfe des Horoskops läßt sich hier ein Überblick über die Entwicklung des Landes im Lauf dieses Jahrtausends bis hinein ins 21. Jahrhundert gewinnen.

In Verbindung mit den entsprechenden Vierzeilern ergibt sich ein klares Bild davon, wie die Zukunft dieses Landes aussehen wird.

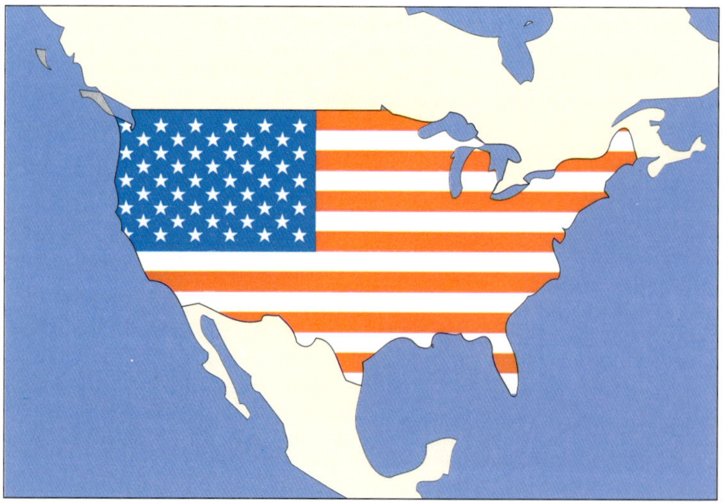

Das Geburtshoroskop der Vereinigten Staaten von Amerika, geboren am 4. Juli 1776 um 17:14 Uhr Ortszeit. Wir bewegen uns vom ersten Lebenszeichen der USA vorwärts in die Zukunft dieses Landes.

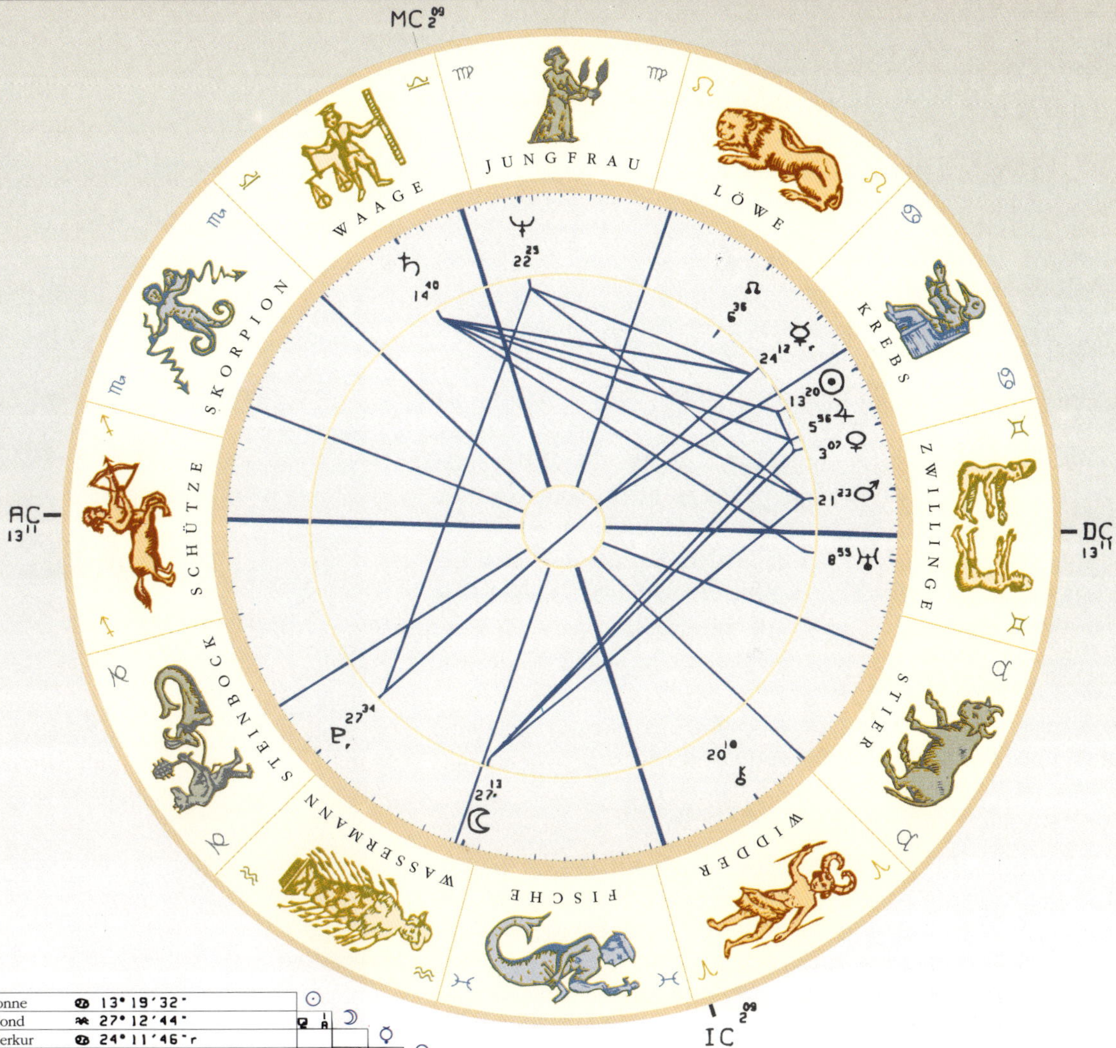

☉ Sonne	♋ 13° 19′ 32″	
☽ Mond	♒ 27° 12′ 44″	
☿ Merkur	♋ 24° 11′ 46″ r	
♀ Venus	♋ 3° 6′ 31″	
♂ Mars	♊ 21° 22′ 40″	
♃ Jupiter	♋ 5° 56′ 3″	
♄ Saturn	♎ 14° 48′ 21″	
♅ Uranus	♊ 8° 55′ 21″	
♆ Neptun	♍ 22° 24′ 57″	
♇ Pluto	♑ 27° 33′ 38″ r	
☊ Mondknoten	♌ 6° 35′ 55″	⚷ ♈ 20° 9′ 38
AC: ♐ 13° 11′ 12″	2: ♑ 17° 5′	3: ♒ 26° 3′
MC: ♎ 2° 8′ 57″	11: ♏ 0° 45′	12: ♏ 23° 25′

	☉	☽	☿	♀	♂	♃	♄	♅	♆	♇	☊
☽	Q 1 A										
☿											
♀		△ 6 A									
♂		△ -6 S									
♃	☌ 7 S	△ 9 A		☌ 3 A							
♄	□ 1 A		□ -9 A		△ -7 S	□ 9 A					
♅			∠ 0 A				△ 6 A				
♆			✶ -2 A		□ 1 A						
♇		⚻ -0 A	☍ -3 S		bQ -0 A				△ 5 A		
☊					∠ 0 A	⚻ 1 A		✶ -2 S	∠ 1 A		
AC	⚺ -0 S				☍ -8 A		✶ -2 A	☍ -4 S	□ -9 A	∠ -1 S	
MC		bQ 1 A		□ -1 A		□ -4 A		△ -7 A	☌ 10 S	△ -5 S	

	Kardinalzeichen	feste Zeichen	bewegliche Zeichen
Feuer		☊	AC
Luft	♄ MC	☽	♂ ♅
Erde	♇		♆
Wasser	☉ ☿ ♀ ♃		

VEREINIGTE STAATEN VON AMERIKA

Datum: 4. Juli 1776 ❖ Zeit: 17:14 ❖ Ort: Philadelphia ❖ 75°10' westl. Länge ❖ 39°57' nördl. Breite ❖ MGZ: 22:14:40 ❖ Sternzeit: 12:07:53

Das Ende der Bocksprünge

1994 ~ Die Wirtschaft erholt sich

Entsprechend den astrologischen Daten des Geburtshoroskops fand die Wirtschaftsrezession, mit der die USA Anfang der neunziger Jahre zu kämpfen hatte, Anfang 1994 ein Ende. Der danach einsetzende Aufschwung soll rund sieben Jahre lang anhalten, also gerade bis über die Jahrtausendwende hinaus. Die Kämpfe, die Amerika an der Wirtschaftsfront auszustehen hatte, gehen Ende der ersten Dekade des nächsten Jahrhunderts in eher politisch motivierte Konflikte über.

Die Hinweise, die wir von Nostradamus und aus den astrologischen Daten erhalten, lassen sich zwar nicht dahingehend interpretieren, daß binnen kurzem der große Boom einsetzen wird, dennoch steht das Land vor einer ruhigeren Phase, nach der später wieder eine Zeit voller Probleme kommt.

Der erste Vierzeiler dieses Kapitels gibt uns einen allgemeinen Überblick über die wirtschaftliche und politische Lage, wie sie sich Anfang der neunziger Jahre darstellte.

„Die Könige und Prinzen werden Gesetze erlassen, Hellseher werden hohle Vorhersagen treffen: die Erdmutter, das goldene Opfer und der blaue Himmel werden beißend scharf. Deutungen werden ausgegraben."

Nostradamus spricht von „Königen und Prinzen", damit sind die Politiker und die Regierung gemeint. Er schreibt, daß diese „hohle Vorhersagen" machen. Das ist nichts Neues. Viele Politiker sehen sich genötigt, Versprechungen abzugeben und Vorhaben anzukündigen, die sich dann als leere Worte erweisen, weil es ganz einfach nicht möglich ist, die Entwicklung des politischen und wirtschaftlichen Klimas vorab richtig einzuschätzen.

Dann schreibt Nostradamus, „... die Erdmutter, das goldene Opfer und der blaue Himmel werden beißend scharf". Die Erdmutter ist eine mythologische Gestalt, die seit Urzeiten existiert und in fast allen

Nostradamus zufolge entsteht im Zeitalter des Wassermanns auch ein stärkeres Bewußtsein dafür, welch verheerende Folgen die Gier des Menschen und sein achtloser Umgang mit der Natur haben.

großen Kulturen bekannt ist. Von ihr stammt der Mais, ein ganz wesentliches Grundnahrungsmittel. Sie steht für Fruchtbarkeit und sorgt für reiche Ernte. Bei Nostradamus ist sie ein Symbol für die gegenwärtige Umweltsituation auf der Erde; besonders treffend ist hier der Satz, daß der blaue Himmel beißend scharf wird – das paßt gut zur derzeit so aktuellen Ozonproblematik. Im Prinzip sagt Nostradamus damit, daß sich das gesamte gesellschaftliche und ökologische Bewußtsein der Menschheit im Zeitalter des Wassermanns verändern wird. Die letzte Zeile des Verses, „Deutungen werden ausgegraben", bezieht sich darauf, daß wir früher oder später mit den gemeinsamen Ressourcen (Wassermann-Einfluß!) auf wirtschaftlicher und politischer Ebene anders umgehen werden. Es wird verstärkt Bemühungen geben, Währung und Staatsausgaben weltweit effizienter zu handhaben, so daß ein Austausch von Rohstoffen zwischen armen und reichen Ländern stattfinden kann. Der Wassermann steht unter dem Einfluß des Saturn, im Grunde bedeutet das ein Bewahren des Vorhandenen, doch bis zu einem gewissen Grad auch eine gerechtere Verteilung des Reichtums.

Der zweite Vierzeiler verdeutlicht das noch:

„Sie werden kommen und über leere Taschen klagen und über
die Auswahl weinen: immer wieder werden Fehler gemacht.
Sie werden nicht länger von ihnen geführt werden wollen,
denn durch ihre Worte werden sie getäuscht."

Probleme wie die Wirtschaftsflaute, schlechte Wohnverhältnisse, Überbevölkerung und Arbeitslosigkeit führen dazu, daß ein immer größerer Teil der amerikanischen Bevölkerung die bestehenden Verhältnisse als ungerecht empfindet. Die Menschen wollen den leeren Versprechungen der Regierung keinen Glauben mehr schenken – der Mais der Erdmutter, die goldenen Versprechungen und der blaue Himmel müssen ein anderes Aussehen bekommen.

Die Vereinigten Staaten sind schon aufgrund ihrer Vormachtstellung im Weltgefüge wie geschaffen dafür, das Zutagetreten der Giftstoffe am intensivsten zu erleben. Außerdem haben die Amerikaner ein besonderes Verhältnis zu Heimlichkeiten und fortwährenden Versuchen, die Wahrheit zu verschleiern. Doch bevor wir uns auf das komplizierte Thema Amerika genauer einlassen, wollen wir andere, klarere Anzeichen für die künftige Entwicklung betrachten.

Schwierige Witterungsbedingungen und eine auf landwirtschaftliche Industrialisierung ausgerichtete Politik machen den amerikanischen Farmern das Leben schwer. Wie Nostradamus vorhersagt, soll von dieser kurzsichtigen Politik künftig Abstand genommen werden.

Die kranke Gesellschaft

Späte 90er Jahre – was AIDS wirklich bedeutet

Die inneren Giftstoffe des Menschen drücken sich in der Zeit rund um die Jahrtausendwende insbesondere in Form von Krankheiten aus. In seinem Brief an Heinrich II. wußte Nostradamus über die letzten Jahre unter dem Einfluß des Pluto folgendes zu berichten:

„Die Führer der Kirche werden in ihrer Gottesliebe zurückbleiben. ... Die katholische der drei Sekten wird durch die Streitigkeiten der Gläubigen in Verfall geraten. Die Protestanten werden in ganz Europa und Teilen Afrikas vom Islam verdrängt werden, und zwar durch die Armen im Geist, die unter der Führung von Verrückten (vermutlich Terroristen) vom weltlichen Reichtum zur Treulosigkeit verleitet werden ... inzwischen kommt eine so schlimme Seuche, daß zwei Drittel der Welt ihr erliegen und anheimfallen. So viele werden es sein, daß niemand die wahren Besitzer der Felder und Häuser mehr kennt. In den Städten wird auf den Straßen das Unkraut mehr als kniehoch wachsen, und der Klerus wird ganz daniederliegen."

Wir alle wissen, daß die Ausbreitung von AIDS zu immer größerer Panik führt. Wenn kein Heilmittel gefunden wird oder die Menschen nicht wenigstens ihre Einstellung und ihr Verhalten radikal ändern, könnten bis Ende des Jahrtausends bereits zig Millionen Menschen angesteckt sein. Wenn man bedenkt, daß Nostradamus zu Übertreibungen neigte, ist die Vorhersage, daß zwei Drittel der Menschen an der Seuche sterben, gar nicht so unrealistisch. Doch vielleicht ist die prophezeite Heimsuchung auch nicht einfach AIDS, sondern ein anderes, weit verbreitetes Leiden, das noch tiefer in uns verwurzelt ist.

Man darf nicht vergessen, daß Nostradamus' Zeit auch die Zeit der Pest war. Im 15. und 16. Jahrhundert wütete die Beulenpest, von China kommend, in ganz Europa, so daß die Menschen glauben mußten, die ganze Welt würde binnen Tagen den Tod finden. Die Beulen- und Lungenpest ist auch im 20. Jahrhundert noch nicht ausgestorben. Berichten aus Kalifornien zufolge war 1992 ein hoher Prozentsatz der

Krankheiten wurden immer als Einzelerscheinung betrachtet, und wenn eine neue Krankheit auftritt, sucht man eine Heilmethode dafür. Die eigentliche Krankheit liegt aber tief in der Gesellschaft verborgen; Nostradamus schreibt von einer vielgestaltigen Seuche, die in der Gesellschaft verwurzelt ist. Aus den Prophezeiungen geht hervor, daß die Zahl der unbemerkten HIV-Infektionen viel höher ist als in den neunziger Jahren angenommen. Das wird Ende dieses Jahrzehnts deutlich.

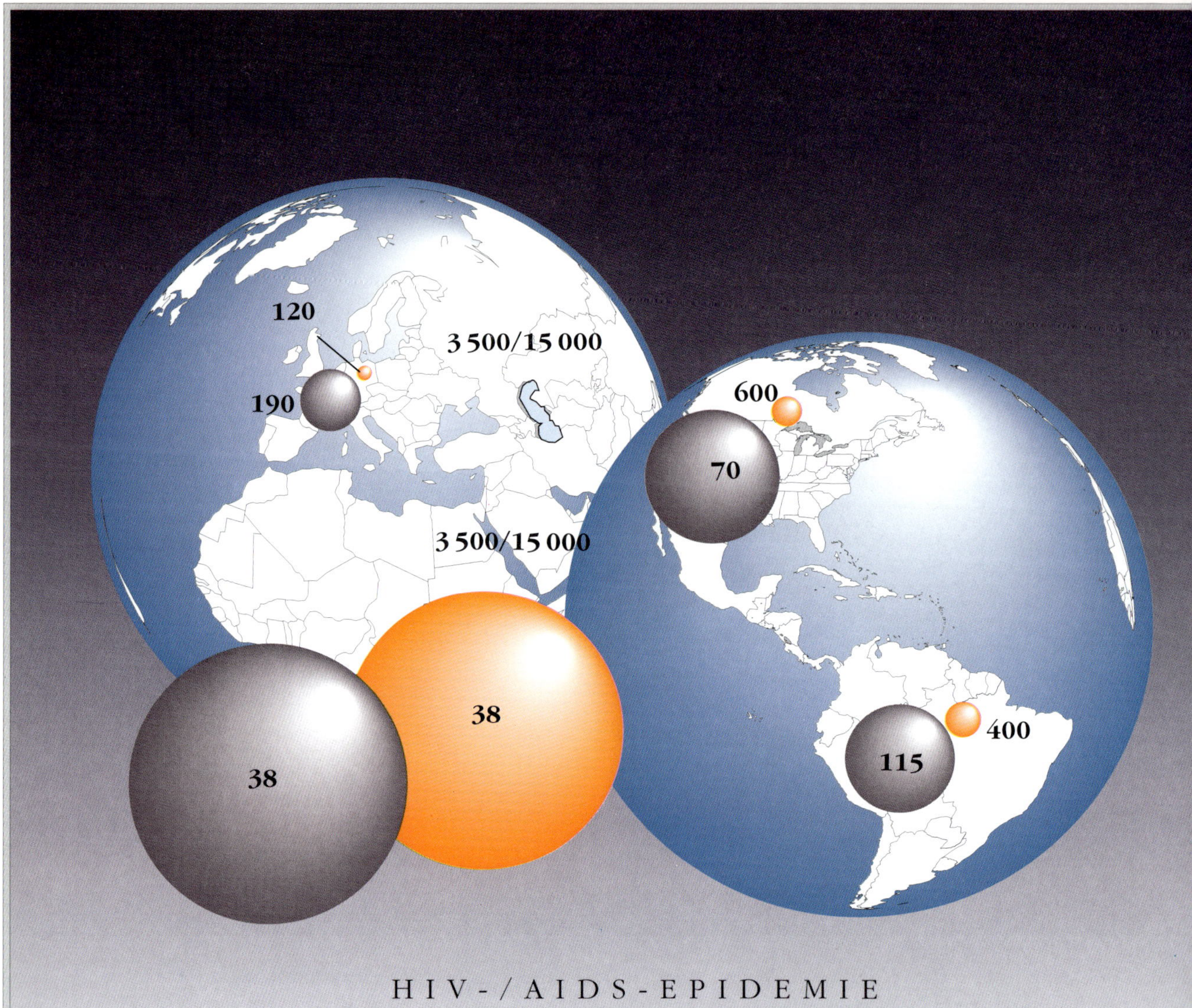

HIV-/AIDS-EPIDEMIE

SCHÄTZUNG DER KRANKHEITSFÄLLE 1993–94

Eine HIV-Infektion pro Zahl der Frauen

Eine HIV-Infektion pro Zahl der Männer

Die Weltgesundheitsorganisation rechnet bis zum Jahr 2000 mit insgesamt mehr als 40 Millionen HIV-Infektionen bei Männern, Frauen und Kindern, wobei mehr als 90 % der Fälle in den Entwicklungsländern auftreten. Über zehn Millionen Kinder unter zehn Jahren werden dadurch ihre Eltern verlieren.

Eichhörnchen und Ratten in den Wäldern um San Francisco mit dem Pesterreger infiziert. In diesem Jahr starb auch eine Lehrerin an der Pest, nicht einmal 24 Stunden nach dem Auftreten der ersten Symptome. Bei AIDS ist das anders. Die Verbreitung dieser Krankheit spiegelt unsere Zeit wider. Sie ist rätselhaft, hat kein einheitliches Erscheinungsbild und hängt mit Sexualität zusammen. Kaum macht die AIDS-Forschung einen kleinen Fortschritt, schlägt das Virus in anderer Form erneut zu. Noch dazu gibt es nicht einfach eine Krankheit namens AIDS, sondern hier vermengen sich verschiedene Krankheiten zu einem tödlichen Leiden.

Oben ~ *Mit Angst und Vorurteilen ist weder den Opfern dieser tödlichen Krankheit geholfen, noch läßt sich so ein Heilmittel für AIDS finden. Nur wenn alle lernen, entsprechend damit umzugehen, lassen sich künftig Bilder wie dieses vermeiden.*

Die vielgestaltige Seuche

Auprés des portes et dedans deux citez
Seront deux fléaux onc n'aperceu un tel,
Faim, dedans peste, de fer hors gens boutez,
Crier secours au Grand Dieu immortal.
S2 6

„An der Schwelle zweier Städte und in ihnen wird es zu zwei Seuchen kommen, wie es sie noch nie gegeben hat. Hunger, darin Seuche, abgesehen vom Eisen, so werden sie am Ende sein, sie werden den großen, unsterblichen Gott um Hilfe anflehen."

In vielen Versen der *Siècles* wird eine schwere Heimsuchung angekündigt. Diese Vorhersagen wurden bisher immer als Auftreten einer bestimmten Krankheit gedeutet, die die Menschheit ganz vernichten oder zumindest zum Großteil hinwegraffen wird. Zu Nostradamus' Lebzeiten war das die Beulenpest. Nach den zwei Weltkriegen war die schlimme Heimsuchung der Krebs. Jetzt, Ende des 20. Jahrhunderts, gilt AIDS als die schrecklichste aller Krankheiten. Solche Deutungen sind jedoch sehr subjektiv. Wir sehen die Welt nicht mit den Augen des Propheten, sondern im Licht unserer eigenen Ängste.

AIDS ist eine schreckliche, tödliche Krankheit, mit der womöglich viel mehr Menschen angesteckt wurden, als einem bewußt ist. Dennoch ist anzunehmen, daß Nostradamus eine viel weitreichendere Heimsuchung vorhersagte, die in den Grundfesten der Gesellschaft verankert ist und sich jetzt vor allem in den USA bemerkbar macht.

Diese Heimsuchung ist etwas, das es noch nie gegeben hat. Man könnte sie die „vielgestaltige Seuche" nennen, denn sie ist anscheinend aus verschiedenen Teilen zusammengesetzt. Die Hauptelemente dieser Heimsuchung der Gesellschaft sind:

Nostradamus schreibt, daß die künftige Heimsuchung in den Städten entsteht, daher ist sie vermutlich eine Folge des Stadtlebens. Die „vielgestaltige Seuche" ist eine Art schrecklicher Schmelztiegel, in dem sich Depressionen, Syphilis, Armut und Drogensucht zu einer Krankheit der Gesellschaft verbinden, die durch die Medizin allein nicht geheilt werden kann. Der gut gekleidete Betrunkene im Bild steht in scharfem Kontrast zum Wohlstand einer sauberen amerikanischen Stadt.

1. das HIV-Virus, 2. Syphilis, 3. Armut, 4. Depression, 5. Drogensucht, 6. Unwissenheit und Vorurteil.

Die einzelnen Elemente sind nicht unabhängig voneinander zu sehen, denn wie neue Untersuchungen zeigen, verstärken sie einander. Ein Leben in großer Armut führt zu Hoffnungslosigkeit, und daraus können ernste Depressionen entstehen. Ungesunde Ernährung verschlimmert die Krankheit, wird aber durch die Werbung geradezu gefördert, denn gerade minderwertige Nahrungsmittel werden besonders aggressiv beworben. Die Depression, die aus Armut und Fehlernährung entsteht, führt zu Nikotin-, Alkohol- und Drogenmißbrauch. Die Drogensucht bewirkt noch mehr Armut, und durch unsaubere Injektionsnadeln oder ungeschützten Sexualverkehr wird das HIV-Virus – oft zusammen mit Syphilis – übertragen. Heute ist die Syphilis in den USA weiter verbreitet, als sie es nach dem 18. und 19. Jahrhundert in Europa war. Zu allem Überfluß ist die Einstellung zu Homosexuellen meist von Unwissenheit und Vorurteilen geprägt. In den USA zeigt die Regierung daher keine ausreichende Bereitschaft, genug Geld in die Erforschung von Heilungsmöglichkeiten zu investieren.

Das HIV-Virus, Syphilis, Drogen und Armut bedingen also einander und können zu einer Epidemie führen, die der von Nostradamus prophezeiten Heimsuchung entspricht. Die Wurzel dieser Epidemie ist nicht einfach eine Krankheit, sondern es spielen auch soziale, wirtschaftliche, politische, emotionale und psychische Faktoren mit.

Man kann hier einwenden, daß AIDS in den USA zunächst bei Homosexuellen auftrat, die nicht unbedingt alle arm sind. Dann aber breitete sich AIDS gerade in den Armenvierteln aus. Zur Heilung der Krankheit reicht also die Medizin nicht aus; das wäre, als würde man auf einem untergehenden Schiff bloß die Kabinen unter Wasser sperren. Wenn ein Impfstoff gegen AIDS gefunden wird, taucht bestimmt gleich eine neue Variante der vielgestaltigen Seuche auf, und man wird wieder kurzsichtig und voller Vorurteile darauf reagieren. Das Heilmittel liegt in einer Änderung der ganzen Lebensstruktur; Amerika ist dabei sozusagen das Versuchskaninchen.

„Hunger, darin Seuche, abgesehen vom Eisen, so werden sie am Ende sein …"

Interessanterweise sieht Nostradamus die Seuche „darin", als ob die prophezeite Heimsuchung aus dem tiefsten Inneren der Menschen kommen würde. Mit den Worten „abgesehen vom Eisen" sind die fortwährenden Kriege und Konflikte gemeint. Inmitten der Seuchen und Heimsuchungen führen wir natürlich weiter Krieg.

Eine der Hauptbrutstätten der weltweiten, vielgestaltigen Seuche ist die Armut und Isolation der Großstadt. Diese Krankheit entsteht aus gesellschaftlicher Ungleichheit und mangelndem Gemeinschaftssinn. Der Prophet sagt uns, daß die Heilung in einem neuen Verständnis von Liebe liegt. Die Gesellschaft der Zukunft baut auf der Sehnsucht nach Gemeinschaft und gegenseitiger Hilfe auf, die alle Menschen in sich fühlen.
***Unten** ~ Eine Gruppe von Musikern spielt für die Passanten auf der Straße.*

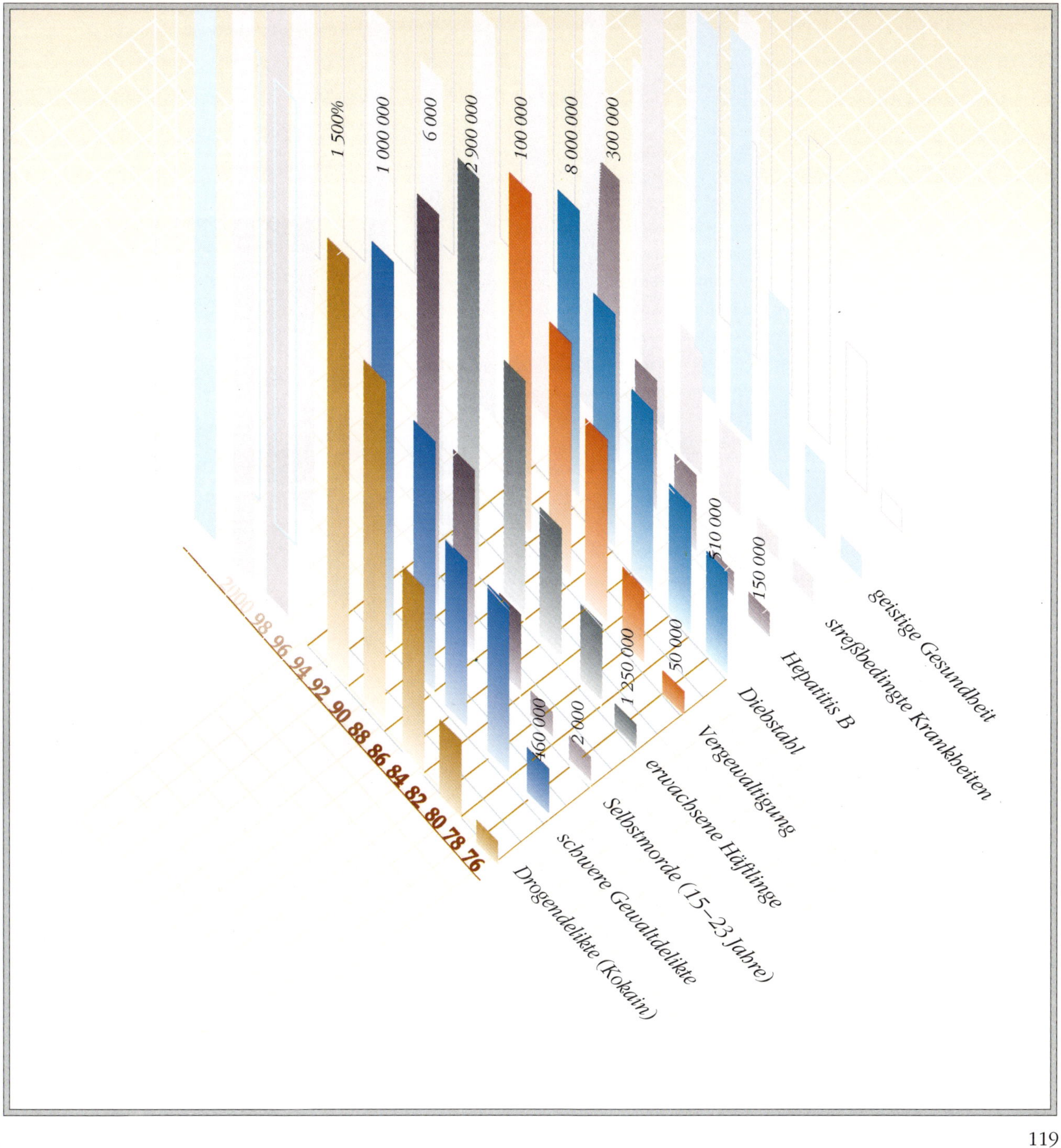
1 500%
1 000 000
6 000
2 900 000
100 000
8 000 000
300 000
510 000
150 000
460 000
2 000
1 250 000
50 000
2000 98 96 94 92 90 88 86 84 82 80 78 76
geistige Gesundheit
streßbedingte Krankheiten
Hepatitis B
Diebstahl
Vergewaltigung
erwachsene Häftlinge
Selbstmorde (15–23 Jahre)
schwere Gewaltdelikte
Drogendelikte (Kokain)

Der Plan für Amerika

1996–2016 ~ Es wird wieder ruhiger

Gerade jetzt, im ausgehenden 20. Jahrhundert, ist es schwer, Durchblick zu gewinnen. Vor allem in den USA scheint alles schiefzulaufen, und Auswege sind nicht in Sicht. Neue Präsidenten kommen und gehen; die Wahlmänner machen nach wie vor viel Aufhebens darum und brechen in überschwengliche Begeisterung aus, wenn ihr Kandidat es geschafft hat. Immer schneller stellt sich aber heraus, daß sie wieder einmal einen Fehler gemacht haben. Diese Geschichte wiederholt sich jedesmal aufs neue. Wer an der Macht ist, hat selbstverständlich kein Interesse daran, an dem Ast zu sägen, auf dem er selbst sitzt. Doch solange sich nichts ändert, werden auch die Probleme nicht verschwinden.

Betrachtet man die astrologischen Daten und weitere Vierzeiler Nostradamus', läßt sich die Entwicklung der Vereinigten Staaten bis zum Jahr 2016 recht genau erkennen.

Die Planetenstellungen bei der Geburt der USA geben durchaus Anlaß zu Optimismus. Im Geburtshoroskop der USA ist für die Deutung der künftigen Entwicklung vor allem die Opposition von Merkur und Pluto entscheidend. Im Horoskop einer Einzelperson steht diese Konstellation für einen äußerst interessanten Charakter. Bei einem Staat steht sie im positiven Sinn für differenzierte Betrachtungsweisen, Interesse an den verborgenen, unsichtbaren Bereichen der Seele – in Amerika sieht man das an der wichtigen Rolle von Psychoanalyse, Spiritualität und Religion. Dazu kommt die Fähigkeit, die Wahrheit zu enthüllen und Lügen zu erkennen.

Im negativen Sinn bedeutet diese Konstellation Geheimniskrämerei und Täuschungsmanöver sowie Bespitzelung. Auf einer solchen astrologischen Grundlage können sich unter Umständen gerade geschickte Lügner besonders gut durchsetzen.

In einem Staat bedeutet diese Opposition auf der positiven Seite die Bereitschaft, die Seelenwelt zu erkunden. In anderen Ländern ist das weniger ausgeprägt. In Großbritannien etwa wird selbst C. G. Jung

Die Wahlen laufen in den USA immer gleich ab – auf der politischen Bühne findet unter begeisterter Teilnahme der Öffentlichkeit ein großes Drama statt. Am Ende einer Präsidentschaftsperiode scheint alles in sich zusammenzufallen, und der Mann an der Spitze wird zu Fall gebracht.
***Oben** ~ Präsident Clinton beim Parteitag der Demokraten in New York City im Jahr 1992.*

außerhalb der theologischen Fakultäten nicht gelehrt. In den USA dagegen gibt es eine Studienrichtung Mythologie, und an der Westküste diskutiert man die Frage, ob man an den Universitäten Astrologielehrgänge anbieten soll, denn es gilt nicht als absonderlich, wenn sich jemand für diese verborgenen Seiten des Lebens interessiert.

Die negative Auswirkung der Opposition von Merkur und Pluto ist die geheime Korruption im Wirtschaftsleben. Reichtümer anzuhäufen gilt als unmoralisch und unethisch. Paradoxerweise halten sich die Amerikaner für aufgeschlossen, ehrlich und offen in allen Lebensbereichen. Sie kritisieren die Briten als verschlossen und kontaktscheu und werfen ihnen vor, ihre Gefühle nicht zu zeigen. Doch unter der Oberfläche sind die scheinbar so extrovertierten Amerikaner oft sehr zurückhaltend, was ihr Inneres angeht. Das wird insgesamt dadurch verstärkt, daß die Opposition von Merkur und Pluto im Geburtshoroskop der USA in die Sternzeichen Krebs und Steinbock fällt. Diese Konstellation bedeutet, daß es einem grundsätzlich schwerfällt, Gedanken und Gefühle auszudrücken. Als Ablenkungsmanöver verwendet man da gern Slang oder Fachjargon und „politisch korrekte" Ausdrücke. Das ist eine allgemeine Tendenz und weniger eine persönliche Schwäche. Ein rätselhafter Charakter ist für Menschen unter dem Einfluß dieses Merkur-Pluto-Aspekts typisch.

Besonders deutlich zeigte sich seine Auswirkung bei den Präsidentschaftswahlen 1992, wo nach außen hin die Atmosphäre von eifrigem Fahnenschwingen und Begeisterung geprägt war. Zugleich machten aber Gerüchte über unsaubere Machenschaften die Runde, womit die Kandidaten ins Zwielicht gebracht werden sollten.

Diese Art der Kommunikation spiegelt sich im Geburtshoroskop wider: es besteht von Geburt an die Neigung, nichts wirklich geradlinig darzustellen. Das ist typisch Amerika.

Wirft man nun einen „astrologischen Blick" in die Zukunft, erkennt man auf der Grundlage des Geburtshoroskops faszinierende Entwicklungen.

Amerika ist ein Land der Gegensätze. Eigeninitiative und Dollar sind den Menschen heilig, doch neben Glanz und Glorie zeigen sich Armut und Verbrechen. Das wird sich auch in Zukunft nicht ändern.
Oben *~ Unruhen in Miami im Jahr 1990, nachdem Polizisten vom Vorwurf unnötig brutalen Vorgehens freigesprochen wurden.*

1994–1997. Die „schweren“ Planeten Uranus und Neptun durchlaufen gemeinsam den Steinbock und nähern sich einer Konjunktion mit dem Geburtspluto und einer Oppositon zum Geburtsmerkur. Diese Aspekte sind zwischen Februar 1994 und Dezember 1997 am stärksten ausgeprägt. Das bedeutet auf der positiven Seite eine Zeit plötzlicher entscheidender Durchbrüche in Technik und Medizin. Auf der negativen Seite stehen Skandale, weil gut gehütete Geheimnisse ans Tageslicht kommen.

Diese Aspekte bedeuten auch eine Zeit großer Verwirrung, man findet sich nur schwer zurecht und ist sich nicht darüber im klaren, wie das Land regiert werden und welche Rolle es im internationalen Gefüge spielen soll. Im Geburtshoroskop der USA von Dane Rudhyar fällt die Opposition von Merkur und Pluto in die Achse vom zweiten zum achten Haus, die für finanzielle Belange und gemeinsame Ressourcen wichtig ist. Das weist auf einen gewaltigen Finanzskandal in dieser Zeit hin, vielleicht handelt es sich um die Gelder für politische Kampagnen oder den Zusammenbruch eines großen Finanzmonopols.

Die wirtschaftliche Lage wird vielleicht durch einen günstigeren Aspekt gemildert, da 1994 der Transit-Saturn am Anfang des Zeichens Fische ein Trigon zur Sonne bildet. Das bedeutet eine Stabilisierung der wirtschaftlichen Lage, so daß der zu erwartende Schock aufgefangen oder zumindest gedämpft werden kann.

1996–2012. Anscheinend steht Amerika ab 1998 für 15 Jahre eine relativ ruhige Zeit ins Haus; in diese Phase fällt eine Reihe interessanter Transite.

Im Januar 1996 tritt der Uranus in den Wassermann ein, der Transit-Neptun ist nach wie vor in der Nähe des Geburtsaspekts von Merkur und Pluto. Das bedeutet Verwirrung und Instabilität, doch der Uranus bildet bald einen günstigen Aspekt. Insgesamt gibt es ab 1996 einen Aufwärtstrend, es sind aber weiterhin negative Einflüsse vorhanden. Der Saturn beeinflußt etwa den Geburtsmars in den Zwillingen, er steht im Quadrat zum Neptun in der Jungfrau, das heißt, daß man sich weiterhin machtlos, unfähig und verwirrt fühlt.

Schließlich entsteht eine Konjunktion von Uranus und dem Geburtsmond im Wassermann; das bedeutet eine wichtigere Rolle der Frauen im allgemeinen Bewußtsein. Daher kann man davon ausgehen, daß bei den Wahlen 2004 eine Frau Präsidentin wird oder für die Präsidentschaft kandidiert.

Diese Konstellation hat auch eine weniger angenehme Auswirkung, nämlich den Aufschwung des religiösen Fundamentalismus, das bedeutet wiederum eine Art „kollektiven Nervenzusammenbruch".

2014–2016. Die astrologische Deutung dieser Zeitspanne deckt sich mit den Versen, die im vorhergehenden Kapitel über die weltweite Entwicklung besprochen wurden.

„Mars bedroht uns mit kriegerischer Stärke, siebzigmal wird er das Blut fließen lassen: Niedergang und Zerstörung des Klerus und mehr noch für jene, die nichts davon verstehen wollen.
Die Sichel verbindet sich am Teich mit dem Schützen auf der Höhe des Aszendenten, Seuche, Hunger, Tod durch die Hand des Militärs: das Jahrhundert nähert sich der Erneuerung. 40 Jahre wird die Iris nicht erscheinen, 40 Jahre lang wird sie jeden Tag zu sehen sein: Die trockene Erde wird noch stärker ausgedörrt, und große Überschwemmung wird es geben, wenn sie erscheint."

Wie sich zeigte, bezieht sich der Text auf das konkrete Datum 16. Januar 2015, weil die Konstellation von Teich und Sichel im Aszendenten Schütze dann eintritt.

Aufgrund der Geburtszeit im Horoskop für Amerika ist also der Aszendent im Schützen, das heißt, daß der Saturn sich in dieser Zeit über den Aszendenten bewegt, es kommt daher zu einer Phase starker innerer Suche und Konfrontation mit der Realität. Bei einer Einzelperson bedeutet das eine Umgestaltung der gesamten Lebensstruktur, alles Unnötige wird ausgemerzt, und Wichtiges wird gefestigt.

Amerika neigt zu religiösen Extremen. Astrologisch bewirkt der Transit des Uranus zwischen 1996 und 2012 fundamentalistische Tendenzen. Die Religiosität des einzelnen entsteht aus Freiheit, die wiederum auf innerer Freiheit von Angst basiert. Wenn Angst herrscht, gibt es keine Freiheit mehr, und alles drängt in die Kirchen, weil man Angst vor

dem Tod hat. Diese Entwicklung begann Anfang der neunziger Jahre, als die Angst vor der Zukunft den fundamentalistischen Gruppierungen einen Aufschwung bescherte. Die Menschen suchen Schutz bei solchen Organisationen, die dadurch an Bedeutung gewinnen. Letztlich bringt das nur neues Leid, denn eigentlich muß die Freiheit dem Glauben weichen.

Der Saturn bewegt sich auch in eine Opposition zum Uranus in den Zwillingen, das bedeutet eine Neubewertung dessen, was man in Amerika bisher unter „Freiheit" verstanden hat.

Eine weitere wichtige Veränderung dieser Zeit ist der Eintritt des Pluto in den Steinbock, er bildet daher eine Opposition zu Venus, Jupiter und der Sonne, die alle im Krebs stehen. Im Geburtshoroskop befindet sich diese Planetengruppe im siebten Haus, das auf der Ebene des Staates für Verbündete und offene Feinde steht. In der Folge kommt es zu einer völligen Neugestaltung der Wirtschaftsbeziehungen der USA zu anderen Ländern und auch zum Beispiel zur NATO, sowie zu Konflikten auf wirtschaftlicher und politischer Ebene.

Die einschneidendste Veränderung betrifft die Auffassung von Regierung und Herrschaft. Die Annäherung des Pluto an die Geburtssonne hatte einen wesentlichen Einfluß auf den Zusammenbruch der Sowjetunion, man kann daraus erkennen, wie mächtig sich diese Konstellation Anfang des nächsten Jahrtausends auch auf Amerika auswirken wird.

Gleichzeitig bildet der Uranus im Widder ein Quadrat zur Geburtssonne im Krebs, es wird also vor allem bei den Beziehungen zu anderen Ländern zu radikalen Umwälzungen kommen.

Betrachtet man Nostradamus' Vorhersagen und die astrologischen Deutungen, erkennt man für die nächsten drei Jahrzehnte aufregende, dramatische Veränderungen in den USA, es gibt jedoch keinen Hinweis auf die große Vernichtung, die häufig in die Vierzeiler hineininterpretiert wurde.

Kapitel 4

Der Weg Europas

Die zwölf Sterne in der Europafahne stehen für die zwölf Gründungsstaaten. Die EU ist zwar kleiner als das übrige neue Europa, doch die meisten Europäer leben in EU-Staaten. Die Fläche Europas beträgt nur ein Viertel der Fläche Amerikas, Europa hat aber doppelt so viele Einwohner. Die Bevölkerungsdichte ist die dritthöchste der Welt; bei so vielen Menschen auf engem Raum kommt es verständlicherweise zu starken regionalen, ethnischen und sozialen Spannungen. Nur wenn man diese Konflikte in den Griff bekommt, kann eine wirtschaftliche und kulturelle Union entstehen.

Nostradamus' Verse wurden meist dahingehend gedeutet, daß sie vom Krieg handeln. Vor allem in den bekannteren Deutungen wird eine rasante Entwicklung hin zu einem dritten Weltkrieg beschrieben, durch den die Erde nicht weniger verwüstet wird als Nagasaki durch die Atombombe. Es scheint fast, als würden die Deuter – die wohl selbst in einer kriegerischen Welt aufwuchsen – in allem nur Krieg sehen können und daher auch bei der Untersuchung und Deutung der Verse des Propheten auf nichts sonst achten.

Betrachtet man die Vierzeiler aber genauer, zeigt sich, daß es zwar zu Aufruhr auf politischer Ebene kommen wird, doch man findet auch andere Gedankengänge, die vielleicht besser ins Bild passen. Das zeigt sich in allen Versen, in jedem Lebensbereich und daher auch in den Vierzeilern, die sich mit Europa befassen. Im Kapitel über die weltpolitische Entwicklung läßt sich nachlesen, daß es Ende der neunziger Jahre zu Unruhen und sonstigen Schwierigkeiten kommt; das gilt natürlich auch für die europäischen Staaten. Es gibt relativ viele Vierzeiler über Europa, aus Platzgründen können jedoch nur einige wenige besprochen werden. Den Anfang macht das Land, das im Zentrum aller Zwistigkeiten steht, die der Durchgang des Pluto durch den Skorpion und den Schützen bewirkt, nämlich Italien, ein Land, das für große Kirchentreue und auch viel Korruption steht.

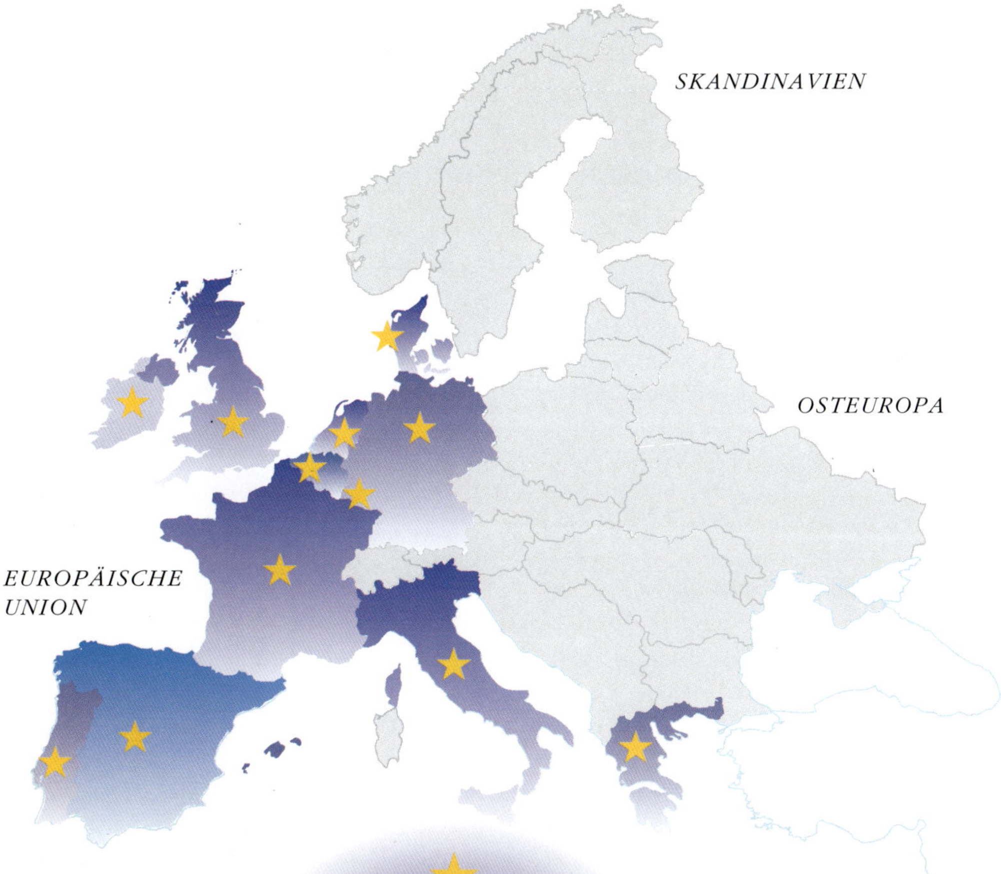
SKANDINAVIEN
OSTEUROPA
EUROPÄISCHE UNION

Revolution in Italien

1994 ~ Der Aufstand gegen die Mafia

Au lieu que Hieron fait sa nef fabriquer,
Si grand déluge sera et si subite,
Qu'on n'aura lieu ne terres s'ataquer,
L'onde monter Fesulan Olympique.
S8 16

„An dem Ort, wo Hieron sein Schiff baute, kommt plötzlich eine große Flut, kein Ort entkommt ihrem Angriff, die Woge erhebt sich bis zum Olympischen Fiesole."

Vor allem das Wort „Hieron" stellt bei den Deutungen ein Problem dar. Manche Deuter sehen es in der Bedeutung des griechischen Wortes „heilig" oder „göttlich" und interpretieren es in Verbindung mit dem Wort „Schiff" als den „Felsen" Christi, die römisch-katholische Kirche. Andere wiederum deuten es gar als „Jason" und sehen es in Zusammenhang mit dem Hinweis auf etwas Olympisches am Ende des Verses.

Auch auf diese scheinbar komplizierte Frage gibt es jedoch eine einfache Antwort. Befaßt man sich mit der Geschichte Italiens, stößt man auf einen Mann namens Heiron, der Sizilien eroberte, und zwar passenderweise in der Zeit der Etrusker. Passenderweise insofern, als der Ort Fiesole bei Florenz, der in der vierten Zeile erwähnt wird, eine der wichtigsten Städte des etruskischen Städtebunds war. Während seiner Herrschaft über Sizilien errichtete Heiron I. dort religiöse Denkmäler. Nostradamus wußte davon, denn er war ja nach Italien gereist und hatte die italienische Geschichte studiert.

Das Wort „déluge" bedeutet Flut, das Wort „onde" bedeutet Welle, es scheint also um eine Wasserflut zu gehen. Aber das Wasser kann nicht von Sizilien bis Florenz fließen, also ist vermutlich eine andere

Woge gemeint, etwa eine Revolution oder ein innerer Aufruhr.

Als dieses Buch verfaßt wurde, herrschte Aufruhr in Sizilien, es gab Konflikte zwischen den Bewohnern, den örtlichen Behörden, der Mafia und der Regierung in Rom, und die Verwaltung Italiens wird ständig mit Korruption und Mafia in Verbindung gebracht.

Dieser Vierzeiler gibt einen deutlichen Hinweis darauf, daß in Italien noch vor dem Ende des Jahrtausends innere Konflikte von großer Tragweite aufbrechen werden.

Von Problemen in Italien handeln mehrere Verse, sie entstehen im Zuge des Niedergangs oder der Umgestaltung des Vatikans sowie durch politische Konflikte mit den Ländern des Nahen Ostens. Als wäre das noch nicht genug, soll es im Süden durch ein U-Boot offenbar zu weiteren Schwierigkeiten kommen.

Auf das Konto der italienischen Mafia gehen so viele abscheuliche Morde, daß das Volk schließlich gegen die alten „Familien" revoltieren wird. Nostradamus weist in verschlüsselter Form darauf hin, daß der Aufruhr in Sizilien beginnt und sich den „Stiefel" entlang bis nach Fiesole in der Nähe von Florenz fortpflanzt.

Qu'en dans poisson, fer et lettres enfermée,
Hors sortira qui puis fera la guerre:
Aura par mer sa classe bien prame,
Apparoissant pres de Latine terre.
S2 5

„Wenn Eisen (vermutlich Waffen) und Buchstaben in einem Fisch (U-Boot) eingeschlossen sind, wird daraus einer kommen, der Krieg führen wird: seine Flotte wird eine schwere Reise übers Meer machen und nahe dem lateinischen Land erscheinen."

Wenn der Pluto zum Zweck der Reinigung der menschlichen Beziehungen den Skorpion und den Schützen „im Schneckentempo" durchquert, muß es in Italien besonders viel zu säubern geben – denn von den Konflikten, die im Nahen Osten und in Europa aufbrechen, ist Italien auf jeden Fall direkt betroffen. Dieser sehr klare Vers hat noch eine zweite Bedeutung, die folgendermaßen gedeutet wird: „Wenn der Mars (Eisen) und der Merkur (Buchstaben) in Konjunktion in den Fischen stehen ..." Das verweist auf das Jahr 1994, denn dann tritt diese Konjunktion das nächste Mal auf.

Die Probleme Italiens sind damit nicht unbedingt zu Ende:

Pour la chaleur solaire sus la mer
De Negrepont les poisons demi cuits:
Les habitans les viendront entamer,
Quand Rhod et Gannes leur faudra le biscuit.
S2 3

„In der Hitze der Sonne auf dem Meer bei Negrepont sind die Fische halb gekocht, die Bewohner werden sie essen, wenn Rhodos und Gannes den Kuchen haben."

Dieser seltsame Vierzeiler bezieht sich entweder auf eine Explosion in der Größenordnung einer Atombombe oder auf die brennend heiße Sonne aufgrund des Ozonlochs. Mit „Negrepont" ist die Insel Euböa gemeint. Der Vierzeiler bedeutet also, daß es in Italien und Griechenland einen Mangel an Nahrungsmitteln gibt, solange in der Region eine so große Hitze herrscht. Der Vers verweist auf einen schweren Atomangriff im Mittelmeer, es wird aber kein konkreter Zeitpunkt genannt. Nach den astrologischen Deutungen stellt sich die Situation allerdings weniger dramatisch dar.

Das Geburtsbild Italiens

Die italienische Nation als Ganzes entstand unmittelbar nach dem Zweiten Weltkrieg, die Geburt der einzelnen Landesteile liegt natürlich viele Jahrhunderte zurück. Das Geburtshoroskop zeigt, warum eine Struktur wie die der Mafia zustande kommen konnte; ihre Wurzeln liegen in einer Tradition, die älter als das Land Italien ist, nämlich im Schutz durch die Familie. Das hierarchische, auf Gewalt gegründete System der Mafia geht vermutlich auf das Mittelalter zurück und diente dem Schutz Siziliens vor zahlreichen Eroberern. Das Wort „Mafia" kommt allerdings von dem italienischen Begriff „mafie", so nannte man kleine Armeen, die die Landbesitzer anheuerten, um ihr Eigentum vor Banditen zu schützen. Nostradamus prophezeite, daß diese unheimliche Gruppierung vor der Jahrtausendwende deutlich an Macht verlieren wird.

Das Horoskop, in dem die Geburtskonstellationen für Italien dargestellt sind, bezieht sich auf den 10. Juni 1946, als nach dem Zweiten Weltkrieg eine demokratische Regierung eingesetzt wurde. Damit war die Herrschaft der italienischen Könige und Mussolinis zu Ende. Italien ist nach wie vor eine Demokratie, daher ist das Geburtsbild für unsere Zwecke geeignet.

Bei der Deutung des Horoskops findet man keinen Hinweis auf eine größere Umwälzung in Italien in der nächsten Zukunft, denn die Sonne in den Zwillingen steht noch nicht unter dem Einfluß anderer schwerer Planeten.

Allerdings findet sich im Geburtsbild eine Konjunktion von Venus und Saturn im Krebs, die ein Quadrat zum Geburtsmond bilden. Diese Konstellation wirkt sich untergründig auf die Gefühlsebene aus, sie führt zu einem schweren Konflikt zwischen dem Bedürfnis nach guten Beziehungen zur Außenwelt (Mond) und dem Bestreben, sich – etwas paranoid – in Geheimclans zu organisieren. Das ist typisch für die Mafiaherrschaft, wo jeder, der nicht zur Familie gehört, als verdächtig gilt.

Die Venus-Saturn-Konjunktion im Geburtsbild wird vom Durchgang des Uranus und des Neptun vom Februar 1993 bis in die erste Hälfte des Jahres 1994 beeinflußt. Dadurch wird das Auftreten von Unruhen gefördert, wie sie in Nostradamus' Vierzeilern für Italien vorhergesagt werden. Da dieser Transit vor allem auf die Konjunktion von Venus und Saturn einwirkt, bedeutet das eine echte Veränderung und einen Machtverlust für die Mafia.

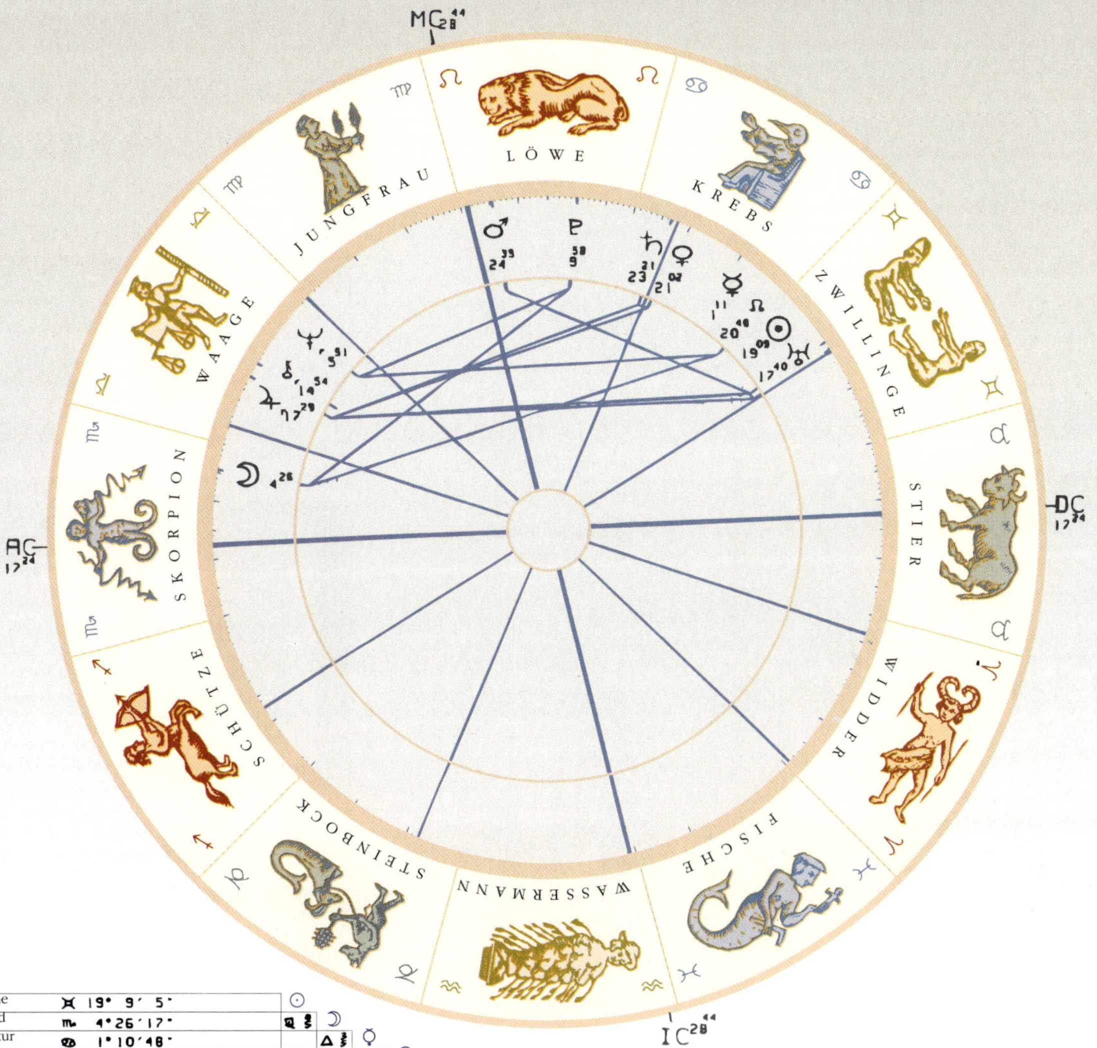

☉	Sonne	♊ 19° 9′ 5″			
☽	Mond	♏ 4°26′17″			
☿	Merkur	♋ 1°10′48″			
♀	Venus	♋ 21° 1′36″			
♂	Mars	♌ 24°34′50″			
♃	Jupiter	♎ 17°28′37″ r			
♄	Saturn	♋ 23°21′24″			
♅	Uranus	♊ 17°39′32″			
♆	Neptun	♎ 5°51′ 7″ r			
♇	Pluto	♌ 9°57′34″			
☊	Mondknoten	♊ 20°48′20″ r	☋ ♎ 14°54′26		
AC: ♏ 17°23′53″		2: ♐ 17°12′		3: ♑ 22°10′	
MC: ♌ 28°44′21″		11. ♎ 0°51′		12: ♎ 26°35′	

	☉	☽	☿	♀	♂	♃	♄	♅	♆	♇	☊
☽	Q										
☿		△									
♀	⚺										
♂	⚹										
♃	△			□							
♄				∠	⚺	□					
♅	☌	Q				△					
♆		⚺	□				Q				
♇		□							⚹		
☊	☌			⚺		△		∠			
AC	⚻		Q	△	□	⚺	△	⚻		□	
MC		⚹	⚹		∠			Q			

	Kardinalzeichen	feste Zeichen	bewegliche Zeichen
Feuer		♂ ♇ MC	
Luft	♃ ♆		☉ ♅ ☊
Erde			
Wasser	☿ ♀ ♄	☽ AC	

REPUBLIK ITALIEN

Datum: 10. Juni 1946 ❖ Zeit: 18:00 ❖ Ort: Rom ❖ 12°29' östl. Länge ❖ 41°54' nördl. Breite ❖ MGZ: 16:00 ❖ Sternzeit: 10:03:32

Frieden in Italien

A Logmyon sera laissé le regne,
Du grand Selin qui plus fera de faict:
Par les Italies estendra son enseigne,
Regi sera par prudent contrefaict.
S6 42

„Logmyon (Ogmius) wird das Königreich Selin (Mond) verweigert, dieses wird mehr tun. Er wird sein Zeichen nach Italien ausweiten und sich klug dagegenstellen."

Interpretiert man das seltsame Wort „Logmyon" als Ogmius, erhält man einen ersten Hinweis darauf, wie dieser rätselhafte Vierzeiler zu verstehen ist. Ogmius war der keltische Gott Galliens (Frankreichs), der mit Herkules gleichgesetzt wird. Er ist ein alter Mann mit wettergegerbter Haut, der Bogen und Keule trägt. Seltsamerweise ist er der Gott der Beredsamkeit; es gibt Darstellungen von Ogmius mit Männern im Gefolge, die an seinen Lippen hängen.

In Aix-en-Provence in Südfrankreich findet sich im Musée Granet eine geschnitzte Ogmius-Figur, die auch Nostradamus kannte. Der Prophet und Historiker wußte gut Bescheid über Ogmius.

Als wichtigsten Hinweis haben wir hier also den Gott der Beredsamkeit und Stärke. Nun kommen wir zu „Selin". Selene ist die griechische Mondgöttin, die zu Vollmond und Neumond verehrt wurde. Ihre Eltern sind Hyperion und Theia, ihr Bruder ist der Sonnengott Helios, ihre Schwester Eos, die Göttin der Morgenröte. Sie ist die Gemahlin des Zeus. Als Mondgöttin wird sie nach wie vor verehrt, auch heute gibt es Gruppierungen, die sich mit der Göttin befassen.

Aber was bedeutete sie für Nostradamus? Wer ist dieser „Mond", der „mehr tun wird"?

Wir wissen, daß es um einen Mann geht, denn „er“ wird sein Zeichen nach Italien ausweiten und sich klug dagegenstellen. Mit „Zeichen“ ist in diesem Zusammenhang eine Lehre oder Botschaft gemeint. Er bringt also eine Botschaft, die dem entgegensteht, was in Italien an Üblem geschieht, und er geht dabei klug vor.

Die bedeutendsten Nostradamus-Deuter beziehen diesen Vierzeiler mehrheitlich auf das Kommen des dritten Antichrist und einen schrecklichen Krieg, der in Italien ausbrechen wird. Es gibt aber auch eine andere, sehr schlüssige Deutung.

Wie im folgenden Kapitel über die Veränderungen in der Religion ausgeführt wird, kann es gut sein, daß Nostradamus hier mit dem Mond eine andere Person meint. Es handelt sich dabei um einen religiösen Führer, der schon jetzt Anhänger in Italien hat. Konkret wurde einer von ihnen 1990 in Sizilien – angeblich von der Mafia – ermordet, weil er sich offen gegen sie gestellt hatte.

Dieser Mann heißt Osho (ursprünglich Rajneesh). Rajneesh bedeutet „Gott des Mondes“. In den letzten Jahren dieses Jahrtausends bewirken die Veränderungen in der katholischen Kirche einen religiösen Umbruch, dem jedoch eine neue Lehre entgegengesetzt ist. Sie wird – unter anderen – von den Anhängern dieses religiösen Führers in Italien verbreitet. Osho war für seine Beredsamkeit und seine Stärke bekannt, auch seine Anhänger hingen förmlich an seinen Lippen.

Wie bei allen religiösen Umwälzungen auf der Welt heißt das nicht, daß eine Einzelperson solche gewaltigen Veränderungen zuwege bringt. In den Vierzeilern geht es vielmehr um bestimmte Einflüsse, die dazu beitragen, daß sich die Einstellung der Menschen zu Gott wandelt.

In diesem Vers wurde der Mond als Hinweis auf eine religiöse Lehre interpretiert, die durch einen konkreten Menschen verbreitet wird. Der Halbmond steht jedoch auch für die Welt des Islam, vielleicht kommen die entscheidenden Einflüsse also aus dem Nahen Osten nach Italien.

***Oben** ~ Mondkarte aus dem Tarot von Cary-Yale Scapini.*

***Links** ~ Die Illustration aus dem 17. Jahrhundert zeigt Ogmius, der Nostradamus als verklausulierter Hinweis auf den Frieden für Italien dient. Wie es heißt, führte Ogmius seine Anhänger mit großer Beredsamkeit an.*

Italien oder der Nahe Osten?

1994–1995 ~ Gaddafi tritt auf den Plan

Im letzten Abschnitt über Italien ging es darum, daß der Transit des Pluto durch den Skorpion und den Schützen das Land in mancherlei Hinsicht beeinflußt, es gibt jedoch auch einige astrologische Hinweise darauf, daß sich stattdessen zur selben Zeit der Nahostkonflikt wieder einmal verschärfen könnte.

Der Transit der Merkur-Mars-Konjunktion in den Fischen führt auch zur Konjunktion mit dem Transit-Saturn, der 1994 in die Fische eintrat; der rückläufige Merkur bewegte sich im Februar desselben Jahres auch in die Fische, so daß eine besonders machtvolle Konstellation entstand. Nostradamus muß diese Zeichen als eindeutig kriegerisch interpretiert haben, denn es besteht dadurch ein gewisses Gewaltrisiko. Aber diese Konstellation ist im Horoskop für Italien eigentlich nicht wirksam.

Der Merkur ist der Planet der Reise und der Kommunikation, in dieser astrologischen Konstellation steht er auch für Flugzeugabstürze, Massenkarambolagen auf der Autobahn und ähnliche Unfälle, die seltsamerweise oft gehäuft auftreten. Im Horoskop für Libyen steht die Sonne in 19° Steinbock; dieser wurde bereits zwischen 1993 und 1994 auch von Uranus und Neptun durchlaufen. Oberst Gaddafi kann hier noch gut ins Spiel kommen; es ist zwar schon einige Zeit ruhig um ihn, aber er könnte durchaus wieder auf den Plan treten und dem ohnehin schwer heimgesuchten Nahen Osten neue Probleme bereiten.

Für Italien war der Nahostkonflikt wegen der geographischen Lage des Landes immer schon gefährlicher als für das übrige Europa. Gaddafi war Mitte der achtziger Jahre die Ursache großer Probleme im Mittelmeerraum, seither verhält er sich ruhig und scheint zur Zusammenarbeit bereit. Bei Nostradamus finden sich Hinweise darauf, daß er bis Ende 1995 wieder von sich reden machen könnte. Als ob der Nahe Osten nicht bereits mit Saddam Hussein und mit der Lage in Israel genug Sorgen hätte.

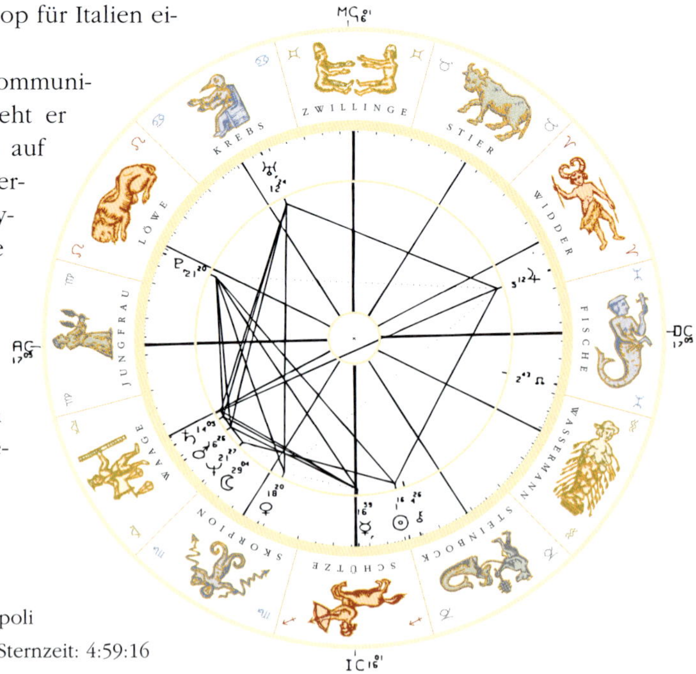

LIBYEN

Datum: 24. Dezember 1951 ❖ Zeit: 0:00 ❖ Ort: Tripoli

13°11' östl. Länge ❖ 32°54' nördl. Breite ❖ MGZ: 22:00 ❖ Sternzeit: 4:59:16

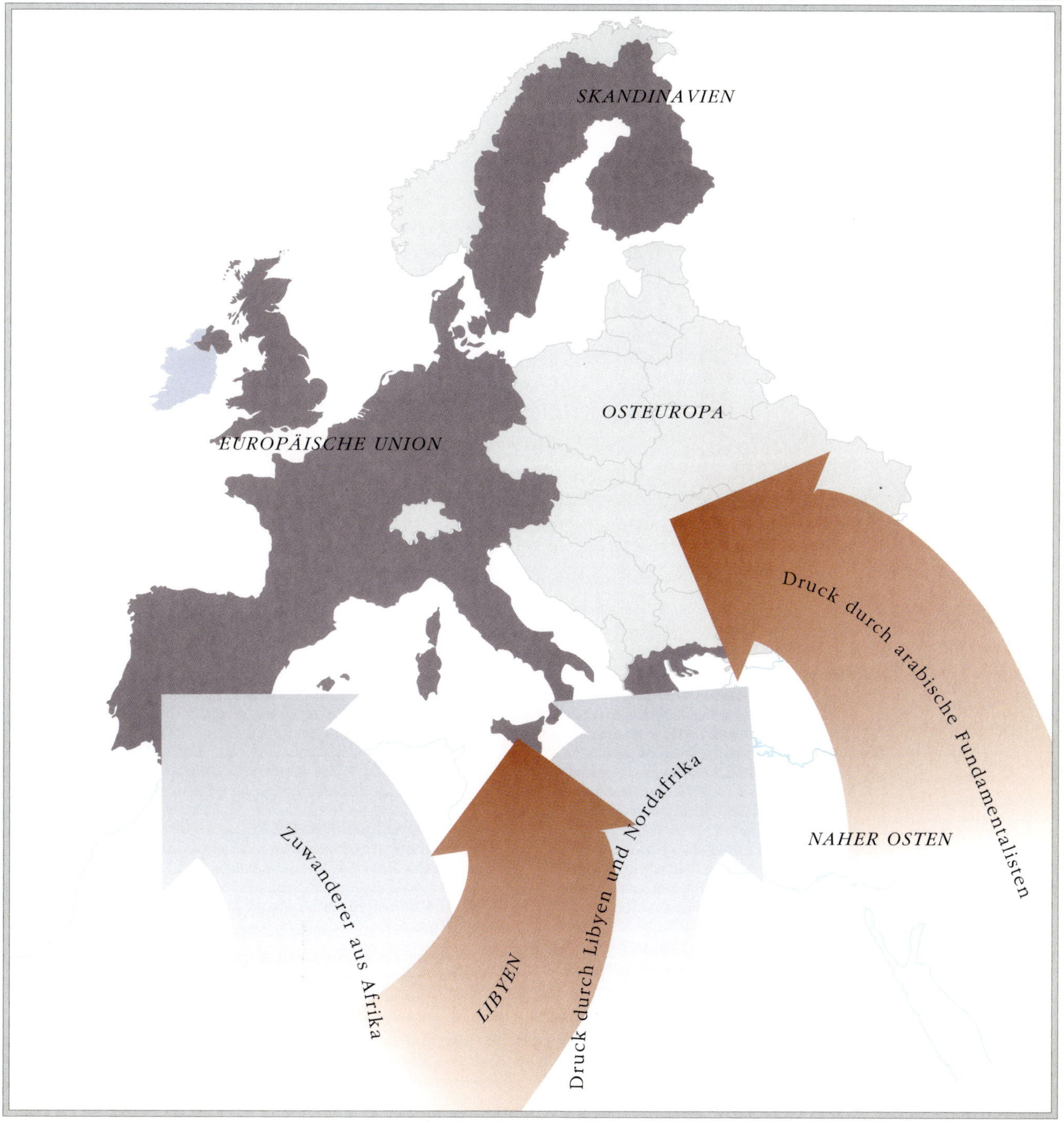
SKANDINAVIEN
OSTEUROPA
EUROPÄISCHE UNION
Druck durch arabische Fundamentalisten
NAHER OSTEN
Druck durch Libyen und Nordafrika
Zuwanderer aus Afrika
LIBYEN

Die Schweiz – das Ende der Neutralität

2000 ~ Der Schweizer Franken am Ende

Die Schweiz war immer ein Bollwerk der Ehrenhaftigkeit, Sicherheit und einer konservativen Art der Freiheit. Nostradamus weiß jedoch, daß es damit bald vorbei ist, und prophezeit Finanzskandale, einen politischen Wandel und die Aufhebung des Bankgeheimnisses, das bisher Tausende Konten vor Polizeiermittlungen und den Prüfungen der Steuerbehörden auf der ganzen Welt schützte. Viele der Schwierigkeiten entstehen dadurch, daß ein Teil der Bevölkerung dann der Europäischen Union beitreten will, wenn auch Mitte der neunziger Jahre noch nichts davon zu merken ist. Ende des Jahrhunderts wird sich dieser Wunsch deutlicher äußern, und damit werden die Probleme für die Schweiz erst richtig beginnen.

Der Genfer See steht im Zentrum der Nostradamus-Prophezeiungen für die Schweiz. Eine Reihe von Versen weist in diese Richtung, der See wird mit seinem alten Namen „Lac Léman" bezeichnet. Die Vierzeiler über die Schweiz sind besonders rätselhaft, weil sie eine Reihe von Begriffen enthalten, die sich schwer deuten lassen, zum Beispiel „EIOVAS" oder „RAYPOZ". Auf den ersten Blick scheinen sie sinnlos, als hätte nur Nostradamus gewußt, was damit gemeint ist.

Bringt man die unverständlichen Vierzeiler jedoch miteinander in Verbindung, erkennt man, daß die Schweizer Ende des Jahrtausends mit gravierenden Problemen fertigzuwerden haben. Bei diesen Problemen geht es auf jeden Fall um die Schweiz als Banken- und Finanzplatz und die damit zusammenhängenden Skandale sowie um die Aufhebung des Bankgeheimnisses, das in dem kleinen Land einen so hohen Stellenwert hatte.

Prés du Léman la frayeur sera grande,
Par le consil, cela ne peut faillir:
Le nouveau Roy fait apprester sa bande,
Le jeune meurt faim, poeur fera faillir.
Presage 4, February.

„In der Nähe von Léman (Genf) wird die Angst groß sein wegen des Rats (der EU), der nicht scheitern möchte, der neue König (Entwicklung) bereitet seinen Aufbau vor, der Jungen Hunger tot, und die Angst wird zerbrechen."

Der Vers gibt einen allgemeinen Überblick über die Veränderungen in der Schweiz. Einfach gesagt, herrscht im Land große Angst, weil es

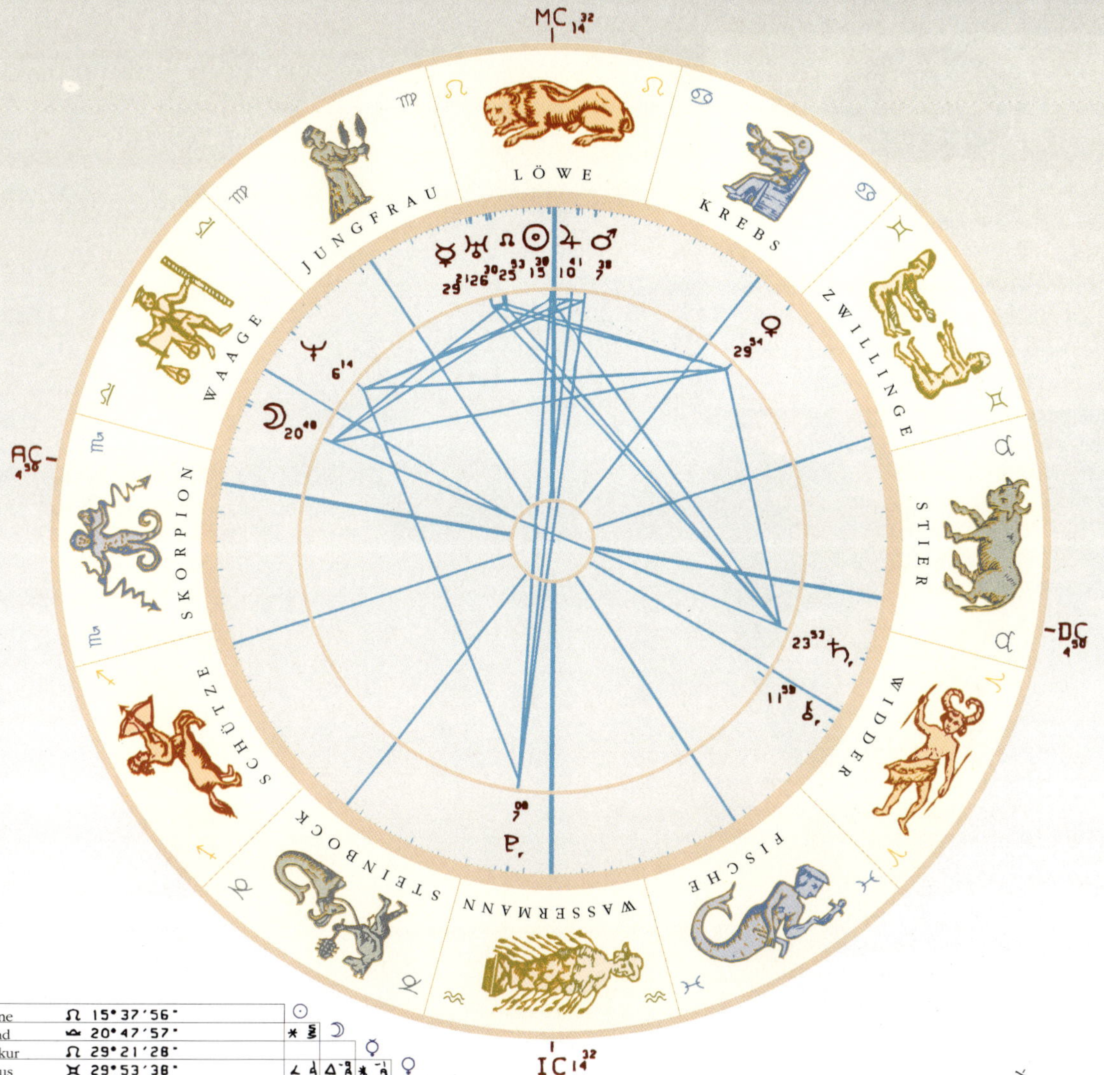

☉ Sonne	♌ 15°37′56″	
☽ Mond	♎ 20°47′57″	
☿ Merkur	♌ 29°21′28″	
♀ Venus	♊ 29°53′38″	
♂ Mars	♌ 7°38′16″	
♃ Jupiter	♌ 10°41′11″	
♄ Saturn	♈ 23°53′13″ r	
♅ Uranus	♌ 26°30′ 9″	
♆ Neptun	♎ 6°13′47″	
♇ Pluto	♒ 7° 8′ 7″ r	
☊ Mondknoten	♌ 25°52′33″ ⚷ ♈ 11°59′28	
AC: ♏ 4°49′34″	2: ♐ 3° 4′	3: ♉ 7°13′
MC: ♌ 14°31′43″	11: ♍ 17°45′	12: ♎ 14° 9′

	Kardinalzeichen	feste Zeichen	bewegliche Zeichen
Feuer	♄	⊙☿♂♃♅ ☊ MC	
Luft	☽♆	♇	♀
Erde			
Wasser		AC	

SCHWEIZ (BUND VON SCHWYZ, URI UND UNTERWALDEN)

Datum: 1. August 1291 ❖ Zeit: 12:00 ❖ Ort: Altdorf, CH ❖ 8°39' östl. Länge ❖ 46°53' nördl. Breite ❖ MGZ: 11:25:24 ❖ Sternzeit: 9:08:03

Goldkauf an der Bank Credit Suisse in Zürich.
Laut Nostradamus wird die Macht der Jugend bei der Gestaltung der Zukunft maßgeblich sein. Die Jugend wird die Entwicklung des Landes wesentlich mitbestimmen.

grundsätzlich nötig ist, sich dem übrigen Europa anzuschließen. Die EU möchte nicht scheitern, für die Schweiz steht viel auf dem Spiel, wenn sie ihre Unabhängigkeit vom übrigen Europa aufgibt. Anfang der neunziger Jahre begann in der Schweiz ein Wandel auf dem Finanzsektor, begleitet von Korruption und Skandalen. Das ist offenbar der Beginn einer Entwicklung, die Ende des Jahrzehnts stärker zu spüren sein wird.

Nostradamus verwendet das Wort „König" oft als Bezeichnung für eine wichtige Entwicklung, hier für den Aufbau neuer Strukturen, die mit der jungen Bevölkerung und ihrem Streben nach Neuem zusammenhängen – ihr Hunger wird getötet, ihre Angst zerbrochen. Es scheint fast, als würde die Jugend den Weg des Landes in eine vielleicht etwas aufregendere und lebendigere Zukunft gestalten.

Eiovas proche esloigner, lac Léman,
Fort grands apprest, retour, confusion:
Loin des Nepveu, de feu grand Supelman,
Tous de leur fuyte.
S12 69

„Eiovas (Jupiter) nähert sich dem Gebiet des Lac Léman, große, starke Vorbereitungen, Umkehr, Verwirrung: bis nach Nepveu ein großes Feuer Supelman, alles verschwindet."

Das ist typisch Nostradamus – er läßt einem scheinbar viel Spielraum, aber wenn man ins Detail geht, verringert dieser sich enorm. Bei „Eiovas" gibt es zwei Möglichkeiten: entweder es bedeutet „Savoyen", von hinten gelesen, oder „Iovis", den römischen Gott Jupiter. Die Bedeutung „Savoyen" paßt insofern, als das Haus Savoyen nicht weit von Genf entfernt war, aber warum sollte Nostradamus sich wiederholen? Die Bedeutung „Jupiter" ist plausibler, weil der jährliche Jupiter-Transit, astrologisch gesehen, für eine Ausweitung unter anderem im Bereich Wirtschaft steht, und der Schweiz stehen ja Veränderungen der wirtschaftlichen und politischen Situation ins Haus. Großbritannien stand 1989 bis 1991 unter dem Einfluß der Opposition zwischen dem Transit-Jupiter und Transit-Saturn und mußte mit den Folgen dieser Konstellation fertig werden, einer langen, schmerzlichen Krise. Die

entscheidenden „Fehler“ wurden während des Durchgangs der Planeten begangen, am Ende mußte das Land dann dafür bezahlen.

Zum entscheidenden Transit für die Schweiz kommt es im Frühjahr 2000, wenn der Jupiter im Stier steht und die Sonne im Geburtshoroskop des „Ewigen Bunds“ der Kantone Uri, Schwyz und Unterwalden und die „neue“ Verfassung der Eidgenossenschaft im Löwen steht. Der Transit des Jupiter im Jahr 2000 führt daher zu einem ungünstigen Aspekt, einem Quadrat zur Sonne. Im Geburtsbild für den Schweizer Franken, die Hartwährung schlechthin, steht die Sonne im Stier. Diese Konstellation deutet auf eben die Probleme hin, die Nostradamus für den Beginn einer neuen Epoche anspricht, in der der Franken ins Währungssystem der Europäischen Union verwickelt wird.

Dann spricht Nostradamus wie üblich von „grands apprest, retour, confusion“ – denn damit gehen Veränderungen seiner Meinung nach stets einher. Welcher konkrete Ort gemeint ist, sagt er wieder nur in Rätseln: „Loin des Nepveu ...“. Manche Deuter sehen darin einen Zusammenhang mit Deutschland, oder sie lassen das „p“ aus und übersetzen das Wort mit „Neffe“. Aber auch hier findet sich in den französischen Geschichtsbüchern eine naheliegende Deutung.

Unter der Herrschaft Franz’ I., als Nostradamus ein junger Mann war, errichtete der Baumeister Pierre Nepveu (1519–1547) an der Loire eines der beeindruckendsten Renaissanceschlösser Frankreichs. Dieses Gebäude, das Chateau de Chambord, diente Franz als Jagdsitz, es ist nur einige hundert Kilometer vom Genfersee (Lac Léman) entfernt.

Zeit und Ort sind nun bekannt. Offenbar ist das Gebiet zwischen der Schweiz und der Loire von diesen dramatischen Veränderungen betroffen. Unklar ist nur noch die Bedeutung des Wortes „Supelman". Edward Leoni meint in seiner Deutung, es könnte „Superman" heißen, ihm zufolge gab es dieses Wort im Altfranzösischen.

Der Vers macht aber auch in diesem Fall nur dann Sinn, wenn eine konkrete Einzelperson für die Schweiz maßgeblich ist.

Migrés, migrés de Genéve trestous,
Saturne d'or en fer se changera:
Le contre Raypoz exterminera tous
Avant l'advent le ciel signes fera.
S9 44

„Flieht, flieht alle aus Genf. Der Saturn wandelt sich von Gold zu Eisen. Raypoz tötet alle, die gegen ihn vorgehen. Zuvor werden Zeichen am Himmel sein."

Wenn diese Verse mit der Entwicklung der Schweiz im 21. Jahrhundert zusammenhängen – wobei oft die Ansicht vertreten wird, sie hätten damit nichts zu tun –, muß man auch beachten, was man zu Nostradamus' Zeit über dieses Gebiet dachte.

Damals galt Genf als das Rom der Protestanten. Johann Calvin (1509–1564) errichtete dort die protestantische Kirche. Damit war das Monopol der katholischen Kirche in der westlichen Welt gebrochen, der Aufruhr war dementsprechend groß. Nostradamus war anscheinend ein Gegner Calvins, schließlich war er selbst zum Katholizismus übergetreten; viele Vierzeiler über das damals unabhängige Genf behandeln daher Ereignisse, die Nostradamus' Lebenszeit näher liegen.

Das Wort „Raypoz" kommt höchstwahrscheinlich von „Zopyra", also fast „Raypoz" von hinten. „Zopyra" ergibt zunächst genauso wenig Sinn, dieses Wort hat aber einen geschichtlichen Hintergrund.

Zopyra oder Zopyro war ein persischer Adeliger, der sich Nase und Ohren abschnitt, um den Eindruck zu erwecken, er würde vor der eigenen persischen Armee flüchten; so tötete er die babylonischen

Links oben *~ So wie es Geburtshoroskope für Länder gibt, gibt es auch Horoskope für Waren, wie etwa Geld, in diesem Fall für den Schweizer Franken. Es zeigen sich hier dieselben Probleme, die auch im Horoskop für die Schweiz auftauchen.*
Links unten und selbe Seite *~ Der religiöse Führer Johannes Calvin steht bei Nostradamus oft für das Gebiet um Genf, wo Calvin das europäische Zentrum des neuen protestantischen Glaubens aufbaute.*

Eine Jupiter-Saturn-Konjunktion, wie sie etwa in der Schweiz im Jahr 2000 im Stier auftritt, galt zu Nostradamus' Zeit als Zeichen des Herrschertodes. Sowohl Präsident Lincoln als auch der ägyptische Präsident Sadat wurden während einer solchen Konjunktion getötet. Das große Bild rechts zeigt das Attentat auf Sadat.

Führer und lieferte deren Armee dem König Darius aus. Philipp II. von Spanien hatte gelobt, als Kämpfer für das Heilige Römische Reich Calvins protestantische Kirche zu besiegen und zog unter dem Zeichen Zopyras in den Krieg. Es besteht aus zwei Zeptern, die in Form einen Schrägkreuzes durch eine Krone über einem geöffneten Granatapfel mit dem Motiv „Tot Zopiro“ („so viele wie Zopyra“) führen. Das sollte angeblich bedeuten, daß Philipps Untertanen so stark und ergeben sein sollten wie Zopyra und so zahlreich wie die Kerne des Granatapfels.

Was bedeuten diese Spitzfindigkeiten? Läßt man alle poetische Dramatik weg, so bleiben drei Hauptthemen.

1. Gold wird zu Eisen. Wir finden hier gleichsam die Umkehrung des alchimistischen Verfahrens zu Nostradamus' Zeit, wo man gewöhnliches Metall zu Gold verwandeln wollte. Das ist zugleich ein Symbol für das Entstehen und die Entwicklung des Menschen, im Zuge derer aus einfachen Wesen Gottes Ebenbild entstand. Das heißt, der bisherige finanzielle Erfolg der Schweiz, ihr goldenes Zeitalter, kann zu Ende gehen.

2. Das wird durch eine mächtige Gestalt oder, was wahrscheinlicher ist, eine Reihe von Ereignissen herbeigeführt, die damit zusammenhängen, daß die unabhängige Schweiz EU-Mitglied wird; für viele Schweizer ist das ein Grund, auszuwandern.

3. Es wird eine astrologische Vorwarnung geben, zum Beispiel die Konjunktion von Jupiter und Saturn im Stier im Frühjahr 2000. Zu Nostradamus' Zeit bedeutete diese Konjunktion den Tod des Herrschers und die Thronbesteigung des Nachfolgers, so wie der mythische Saturn, der oberste Gott, von seinem Sohn Jupiter gestürzt wurde. Während einer Jupiter-Saturn-Konjunktion wurde zum Beispiel Abraham Lincoln getötet, ebenso der ägyptische Präsident Sadat. Im Fall der Schweiz ist eher der „Tod“ einer bestimmten Regierungsform als der einer konkreten Person gemeint.

Das heidnische Deutschland

En Germaine naitront diverses sectes,
S'approchant fort de l'heureux paganisme,
Le coeur captif et petites receptes,
Feront retour a payer le vrai dime.
S3 76

„In Deutschland werden verschiedene Sekten entstehen, die einem glücklichen Heidentum sehr nahe kommen, das Herz ist eingenommen und den kleinen Dingen zugetan, sie werden zurückkehren und den wahren Zehent zahlen."

Nostradamus schrieb gern solche bizarr wirkenden Verse, die eine Veränderung spürbar machen, aber nichts wirklich Konkretes aussagen.

Das Faszinierendste an diesem Vierzeiler ist, daß er den vorhergesagten religiösen Umbruch um die Jahrtausendwende (siehe Kapitel 5) sehr genau widerspiegelt. Deutschland wird also im Bereich gesellschaftlicher Veränderungen insofern weiterhin eine Führungsrolle innehaben, als neue Denkweisen und Überzeugungen leicht ins gesellschaftliche Bewußtsein dringen. „Glückliches Heidentum" paßt sehr gut, denn viele der neuen religiösen Strömungen basieren auf vorchristlichen Lehren (Verehrung der Erde, Astrologie etc.). In Deutschland gibt es sogar eine neuheidnische Bewegung, die aus den USA kommt. Das Herz ist „eingenommen", auch das verweist auf das neue Verständnis von Liebe, das nach den Jahren des Chaos auf der Welt Platz greift. Und schließlich ist es „den kleinen Dingen zugetan". Nostradamus stellt das als etwas typisch Deutsches dar. Mit der letzten Zeile, „... sie werden zurückkehren und den wahren Zehent zahlen", ist der Zusammenhang zwischen Religion und Steuer gemeint. Sie verweist auf die Zeit, in der die angekündigten Veränderungen in Deutschland zum Tragen kommen.

Angehörige der Hare Krishna-Bewegung versammeln sich zum Gebet. Nostradamus prophezeit für Deutschland eine Phase der Kultreligionen und des „New Age" – eine Art Heidentum, das die Sicht der Zukunft im Land verändert.

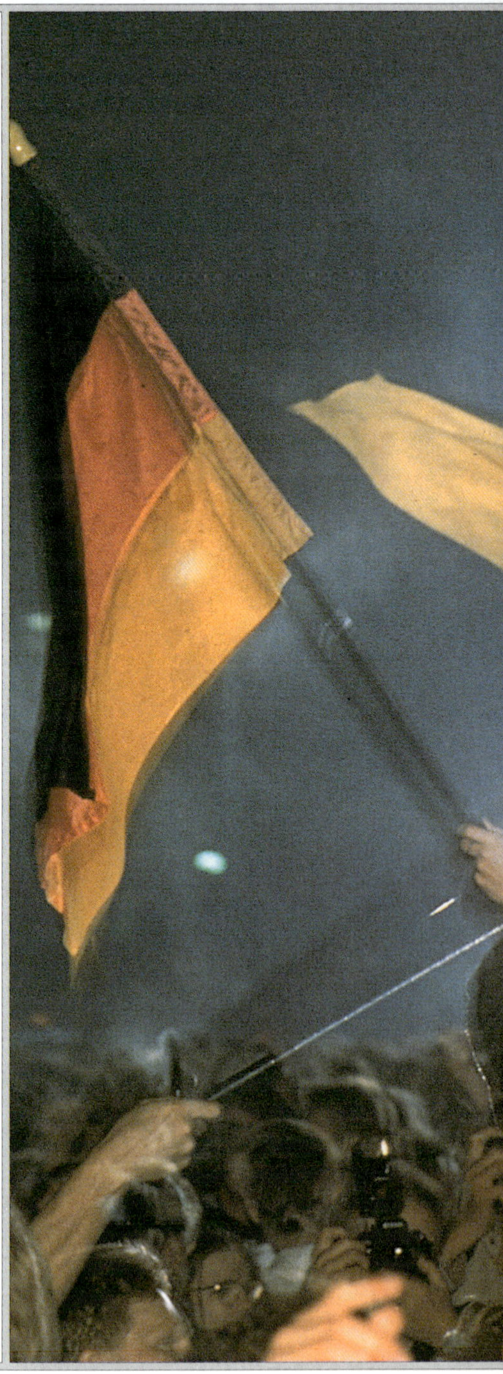

Deutschland und der goldene Thron

Aprés viendra des extrême contrées
Prince Germain, dessus le trone doré:
La servitude et eaux rencontrées,
La dame serve, son temps plus m'adoré.

„Danach kommt von den äußersten Landen ein deutscher Prinz
auf den goldenen Thron: Dienst und Wasser treffen einander,
die Frau ist Dienerin, ihre Zeit wird nicht mehr verehrt."

Ende der achtziger Jahre erlangte die deutsche Währung größte Bedeutung für die Weltwirtschaft. Nicht mehr der Dollar oder der Yen, sondern die D-Mark galt als ausschlaggebend für Veränderungen. Die Wiedervereinigung mit der früheren DDR wirkte sich stark auf die Wirtschaft dieses wachsenden Marktes aus.

Nostradamus berichtet, daß ein deutscher Prinz aus den „äußersten Landen" auf dem goldenen Thron sitzen wird. Die äußersten Lande sind die neuen Bundesländer, denn der Prinz selbst ist ja Deutscher, er stammt nicht aus einem anderen Land. Es wird auch symbolisch darauf verwiesen, daß das wiedervereinigte Deutschland nach dem Fall der Berliner Mauer zu Reichtum kommt. Der Prinz kommt „nach Hause" auf den goldenen Thron Deutschlands, die ersten zwei Zeilen behandeln also das Wirtschaftswachstum. Alles in allem wird das geeinte Deutschland die Wucht der „Revolution" der DDR in den folgenden Jahren überstehen.

Die dritte Zeile behandelt das Aufeinandertreffen von Dienst und Wasser, astrologisch bedeutet das eine Konstellation in Zusammenhang mit Fischen und Krebs. In der vierten Zeile wird ergänzt, daß „die Frau Dienerin ist", damit ist der Mond gemeint. „Ihre Zeit wird nicht mehr verehrt" heißt, daß der Mond abnimmt. Das paßt sehr gut ins Geburtsbild der DDR.

Am 3. Oktober 1990 feierte Berlin das historische Ereignis der Wiedervereinigung Ost- und Westdeutschlands. Nostradamus berichtet, daß das neue-alte Land die finanzielle Belastung dieses Schritts durchstehen kann.

DEUTSCHE DEMOKRATISCHE REPUBLIK

Datum: 7. Oktober 1949 ❖ Zeit: 13:30 ❖ Ort: Berlin

13°21' östl. Länge ❖ 52°29' nördl. Breite ❖ MGZ: 12:30 ❖ Sternzeit: 14:26:41

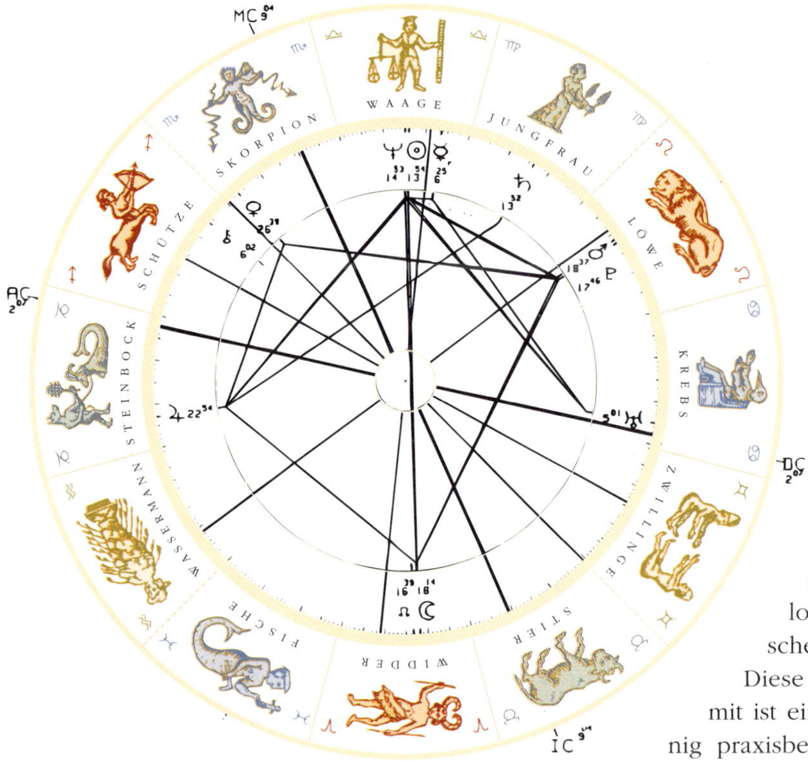

Das Geburtshoroskop der DDR zeigt, daß das Land mit viel Idealismus und wenig praktischem Denken gegründet wurde. Weiters erkennt man eine Neigung zu Instabilität und plötzlichem Aufruhr, was sich auch bewahrheitet hat.

Das Geburtsbild der DDR

Zur Geburt der DDR kam es am 7. Oktober 1949 um 13.30 Uhr Ortszeit in Ostberlin. Aus astrologischer Sicht wurde das neue Land unter äußerst schwierigen Vorzeichen ins Leben gerufen. Das Horoskop zeigt eine Konjunktion von Neptun und Sonne, das bedeutet viel grundlosen Idealismus und den unrealistischen Traum vom vollkommenen Staat. Diese Konjunktion steht in der Waage, somit ist eine theoretisch-ideologische und wenig praxisbezogene Vorstellung vom Staat vorherrschend. Neptun und Sonne bilden außerdem ein Quadrat (ungünstiger Aspekt!) zum Uranus, das bedeutet eine Neigung zu Instabilität und plötzlichem Aufruhr. Die Opposition zum Geburtsmond steht für einen starken Gegensatz zwischen den Idealen und den emotionalen Bedürfnissen der Bevölkerung.

Die Öffnung der Berliner Mauer stand unter dem Einfluß machtvoller Konstellationen. Das Geburtshoroskop ist mit 9. November 1989, 18.57 Uhr Ortszeit datiert. Es besteht der höchst seltene Fall einer exakten Konjunktion von Saturn und Neptun in 10° Steinbock in exakter Opposition zum Jupiter in 10° Krebs. Der Aszendent, das aufsteigen-

HOROSKOP FÜR DIE ÖFFNUNG DER BERLINER MAUER

Datum: 9. November 1989 ❖ Zeit: 18:57 ❖ Ort: Berlin

13°21' östl. Länge ❖ 52°29' nördl. Breite ❖ MGZ 17:57 ❖ Sternzeit: 22:05:56

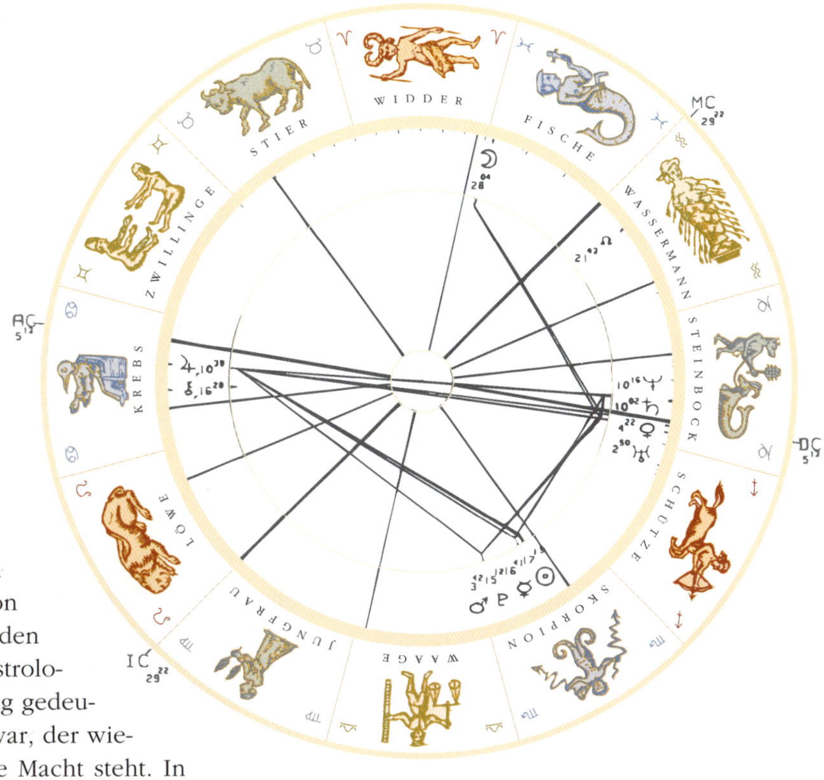

de Zeichen im Geburtsbild für die DDR, ist ebenfalls im Steinbock; die mächtige Planetenkonstellation geht über diesen Aszendenten und führt zu großen Umwälzungen und Veränderungen; sie bewirkt auch die Konjunktion von Sonne und Neptun, welche ein Quadrat zum Uranus bildet und gleichfalls für Instabilität und das Scheitern von Idealen steht. Der Transit der Konjunktion von Saturn und Neptun durch den Steinbock wird von den meisten Astrologen als gesellschaftliche Umwälzung gedeutet, da sie im Steinbock zu sehen war, der wiederum für Regierung und weltliche Macht steht. In der Mundanastrologie gilt die Regel, daß die konkrete Nation, die am stärksten von weitreichenden Veränderungen betroffen ist, den Aszendenten im Steinbock hat, da das aufsteigende Zeichen den Grundcharakter des Staates bestimmt. Der Mond steht im Geburtshoroskop der DDR unter dem Einfluß von Saturn und Neptun, das bedeutet schwere Enttäuschung und Verbitterung bei den Ostdeutschen. Die Regierung war nicht auf die Ereignisse vorbereitet, aber bei solchen Konstellationen muß man Veränderungen bewußt steuern, sonst kommt es zur Revolution.

Der Fall der Berliner Mauer steht unter mächtigen astrologischen Einflüssen. Hätten die damaligen Machthaber der DDR das Horoskop beachtet, so hätten sie genau vorhersagen können, wohin ihre Pläne führen.

Veränderungen in Europa

1996 ~ Ein französischer Papst

Mit Frankreich befaßte sich Nostradamus natürlich in besonders vielen Vorhersagen. Er liebte sein Vaterland, von daher kommt seine Sorge um die Zukunft und seine Angst vor den Folgen der Französischen Revolution und vor Menschen wie Napoleon; viele Verse handeln davon.

In einem Nostradamus-Buch darf das Thema Frankreich daher auf keinen Fall fehlen. Am Anfang steht hier ein französischer Papst.

„Nicht aus Spanien, sondern aus dem alten Frankreich wird einer für das erbebende Schiff erwählt, er gibt dem Feind ein Versprechen, unter seiner Herrschaft wird eine schreckliche Heimsuchung kommen."

Noch vor relativ kurzer Zeit hätte es unglaubwürdig gewirkt, wenn jemand auf einen französischen Papst als Nachfolger für den Stuhl Petri getippt hätte. Zu Nostradamus' Lebzeiten hatte es nur italienische Päpste gegeben.

Die Prophezeiung am Anfang dieses Abschnitts könnte kaum deutlicher sein. Zur Wahl stehen ein Spanier und ein Franzose, letzterer wird der Nachfolger auf dem „erbebenden Schiff". In Kapitel 5 sehen wir, daß das um die Jahrtausendwende möglich ist, wenn das Gebäude des Katholizismus ins Wanken gerät. Der neue französische Papst gibt einem Feind ein Versprechen. In früheren Deutungen, wie etwa der von Erica Cheetham, gilt der Kommunismus als der Feind. Danach sieht es jetzt nicht mehr aus, es sei denn, die katholische Kirche hätte etwas mit dem kommunistischen China zu tun. Der Feind ist eher ein Feind der Kirche an sich, der den angeschlagenen Klerus zu Fall bringen hilft. Um eben diesen

Nul de l'Espagne,
Mais de l'antique France
Ne sera lu pour la
Tremblante nacelle,
A l'ennemi sera faite fiance,
Qui dans son regne fera peste cruelle.
S5 49

Oben ~ *1986 überlebte der jetzige Papst ein Attentat, als er von einem Mann angeschossen wurde, der sich als wiedergeborener Jesus Christus bezeichnete.*
Die Wahl des neuen französischen Papstes erfolgt laut Nostradamus 1996 nach dem Tod Johannes Paul II. im französischen Kloster St. Paul-de-Mausole, wo auch der Künstler Van Gogh starb.

Klerus könnte es in der vierten Zeile gehen: „... unter seiner Herrschaft wird eine schreckliche Heimsuchung kommen." Der unglückselige französische Papst wird sich mit schwierigen Kirchenproblemen herumschlagen müssen, etwa mit AIDS und dessen Folgen für den Klerus innerhalb der heiligen Mauern der katholischen Kirche. Aufgrund der weltweiten Ausbreitung von AIDS und dem zunehmenden Druck auf den katholischen Klerus könnte 1996 ein französischer Papst kommen.

In einem anderen Vers erfahren wir die Fortsetzung:

„Er (Paul) wird in St. Paul-de-Mausole drei Meilen von der Rhone sterben und vor den zwei Nächsten fliehen, Tarasca (Mexiko) ist zerstört: denn der Mars wird den schrecklichsten Thron bereiten. Vom Hahn und dem Adler von Frankreich drei Brüder."

In einem komplizierten Anagramm werden der Name des Papstes (Johannes Paul II.) und sein Sterbeort, das französische Kloster St. Paul-de-Mausole, enthüllt. (An diesem Ort beging Van Gogh 1890 Selbstmord.) Geschehen wird das, wenn zwei verbündete Großmächte (USA und GUS) dem sterbenden Papst Probleme bereiten. Mexiko (wo die Tarasken leben) ist schwer angeschlagen, dadurch läßt sich der Zeitraum für diese Prophezeiung stärker einengen. Der Hahn bedeutet Frankreich, der Adler steht für die USA. Die drei Brüder werden meist als die (letzten verbleibenden) Brüder Kennedy gedeutet, denn viele Verse sind in dieser Form gestaltet. Der Mars und sein schrecklicher Thron sind astrologisch zu interpretieren, wie wir im verwirrenden Puzzle rund um den französischen Papst sehen können.

Das Geburtsbild Frankreichs

Das Geburtsbild für Frankreich deutet auf zahlreiche Konflikte mit den europäischen Nachbarn wegen der Bestimmungen des EWG-Vertrags hin. Wie erwähnt, entstehen viele Streitpunkte dadurch, daß es gemeinsame Gesetze für alle Mitglieder geben muß, etwa im Fall des Streiks der LKW-Fahrer und der Straßenblockade in Frankreich am 4. Juli 1992 (siehe Bild rechts). Aus der Astrologie ist zu erkennen, daß diese Probleme mindestens bis zum Jahr 1996 andauern werden.

Im Lauf der Jahrhunderte gab es in Frankreich viele verschiedene Staatsformen, daher ist die Geburt astrologisch schwer zu bestimmen. Meist wird das Entstehen der derzeitigen Regierungsform als wahrscheinlichste Geburtszeit erachtet. Nach dem Niedergang der vierten Republik entstand unter General Charles de Gaulle am 5. Oktober 1958 die fünfte Republik, ihre Gesetze traten um Mitternacht in Kraft.

Der Aszendent ist in 24° Krebs, der erste wichtige Transit nach dem Erscheinen dieses Buches ist der gemeinsame Durchgang von Uranus und Neptun in Opposition zum Aszendenten. Ab Februar 1994 befand sich der Uranus in genauer Opposition, der Neptun dann ab April 1994. Der Uranus blieb bis Dezember 1994 an dieser Stelle,

der Neptun auch das ganze Jahr 1995 bis zum November 1996. Diese Planetentransite bedeuten keinen „Zusammenbruch“ der Regierungsform, wohl aber außenpolitische Konflikte und Enttäuschungen, denn die Achse Aszendent-Deszendent ist für das Verhältnis zwischen Organisationen, im Fall eines Landes also für die zwischenstaatlichen Beziehungen, wichtig.

Im Fall Frankreichs merkt man den Einfluß des Mars in 2° Zwillinge. Durch den Transit-Pluto entsteht eine Opposition zum Mars („Mars wird den schrecklichsten Thron bereiten“). Der Mars befindet sich in dem Geburtshaus, das für große Gruppen und Organisationen steht, es kann also in der Europäischen Union zu Konflikten zwischen Frankreich und den anderen Mitgliedern kommen. 1992, zum Beispiel, sabotierte Frankreich das Welthandelsabkommen um seiner eigenen Vorteile willen.

Die Sonne steht in 11° Waage, sie bildet eine Konjunktion mit der Venus und ein Trigon zum Mars. Das ist eine recht günstige Konstellation, sie bedeutet Energie und Dynamik sowie Kompromißbereitschaft. Der Transit von Uranus und Neptun über den Aszendenten Frankreichs deutet in Verbindung mit dem Mars, der unter dem mächtigen Einfluß des reinigenden Pluto steht, darauf hin, daß die üblichen diplomatischen Beziehungen Frankreichs vorübergehend einer härteren, militanteren Gangart weichen. Es kommt nicht zum Krieg, wohl aber zu Konflikten mit Nachbarn und Verbündeten, und die unnachgiebige, aggressive Haltung schadet zwei, drei Jahre lang dem Image des Landes.

Insgesamt ist zu erwarten, daß 1995 bis 1996, nach dem Tod Johannes Paul II., der neue französische Papst in die Schwierigkeiten des Landes mit der EU verwickelt sein wird.

Das Geburtsbild Spaniens

Für Spanien gibt es zwei Geburtsbilder. Das erste gilt für das alte Spanien, das aus dem Zusammenschluß von Aragon und Kastilien entstand. Das Geburtsdatum ist der 19. Januar 1479, der Todestag Johanns II. von Aragon. An diesem Tag ging die Nachfolge an Ferdinand von Aragon. Der Geburtsort ist Madrid, die genaue Zeit ist nicht bekannt, es wird 12.00 Uhr Lokalzeit angenommen.

Bei diesem Horoskop steht die Sonne in 8° Wassermann in einem harmonischen Aspekt zum Geburtspluto. Die Intensität, Entschlossenheit und Erneuerungsfähigkeit Spaniens zeigen sich in dieser Konstellation. Der Geburtsmond steht in 28° Schütze, das bedeutet Expansionsstreben und tiefe Religiosität. In der Neuen Welt wurde Spanien ja auch eine religiöse und wirtschaftliche Großmacht. Der Geburtsmond im Schützen bewirkt auch Hartnäckigkeit und großes Vertrauen in die Zukunft, man sieht das an der beachtlichen Erneuerung im Land seit der Thronbesteigung Juan Carlos' im Jahr 1975. Diese Grundeigenschaften Spaniens stärken auch weniger lang amtierende Regierungen.

Ende des 20. Jahrhunderts sind im Geburtsbild keine bedeutenden Transite zu bemerken. Im April 1995 tritt der Uranus in den Wassermann ein, im April und Mai 1997 bildet er eine Konjunktion mit der Sonne, die bis Oktober 1998 erhalten bleibt. Das bedeutet Bruch und Veränderung, aber in keinem bedrohlichen Ausmaß; eher sind neue Perspektiven in Hinblick auf das Baskenland zu erwarten. Der Transit-Pluto trifft beim Durchgang durch den Wassermann auf die spanische Geburtssonne, etwa 2028/2029 kommt es zur exakten Konjunktion und somit zu tiefgreifenden Veränderungen in der Struktur des Landes, vielleicht der Regierungsform.

Im Horoskop für die Krönung von Juan Carlos spielen Transite eine größere Rolle. Dieses Geburtsbild gilt für das heutige Spanien. Das Geburtsdatum ist der 22. November 1975, die Geburtszeit 12.45 Uhr, der Geburtsort Madrid. Zu dem Zeitpunkt wurde im Parlament der Treueeid abgelegt.

In diesem Horoskop steht die Sonne in 29° Skorpion, der Aszendent in 3° Wassermann, der Geburtssaturn in 2° Löwe bildet eine Opposition zum Aszendenten. Daher besteht eine Neigung zu Konflikten mit Verbündeten und das Gefühl, von ihnen eingeengt und behindert zu werden. Spanien ist zwar von der EU überzeugt, allerdings hätte es das Land Anfang der neunziger Jahre mit einer größeren Autonomie leichter gehabt. Der Transit-Uranus tritt in den Wassermann ein, trifft auf den Aszendenten und bildet von März 1996 bis Januar 1997 eine Opposition zum Saturn. Der Transit-Pluto bewegte sich im Dezember 1994 auf die Sonne zu, im November 1995 kommt es zu einer genauen Konjunktion, aber auch danach bleibt der Pluto noch bis September 1996 nahe der Sonne. In dieser Zeit von 1994 bis 1997 kommt es auch in Frankreich zu wichtigen Planetenbewegungen; daraus kann man nur schließen, daß die Entwicklung in der EU dann problematisch verläuft, später kommt es zu mehr Zusammenarbeit. Zuvor jedoch gibt es heftige Auseinandersetzungen zwischen Frankreich und Spanien.

1992 hatte Großbritannien Probleme mit der EG, aber ab 1994 sorgen Spanien und Frankreich für bewegte Zeiten.

Oben *~ Die EU schlägt hohe Wellen. Betrachtet man die Geburtsbilder Frankreichs und Spaniens, erkennt man in beiden Fällen Hinweise auf Schwierigkeiten mit der EU in den nächsten Jahren. Zwischen 1994 und 1997 kommt es laufend zu Problemen zwischen der EU und Spanien bzw. der EU und Frankreich.*
Vermutlich gibt es auch Konflikte zwischen Frankreich und Spanien, insbesondere in Fragen ihres Verhältnisses in der EU.

Kapitel 5

Der gewandelte Gott

In diesem Kapitel geht es um die tiefgreifenden Veränderungen der Kirchen Ende dieses Jahrhunderts, wie Nostradamus sie prohphezeite. Wie immer muß man zunächst darangehen, die poetischen Sprachbilder zu entziffern.

L'an mil neuf cent nonante neuf sept mois,
Du ciel viendra un grand Roy d'effrayeur
Ressusciter le grand Roy d'Angoulmois,
Avant apres Mars regner par bonheur.
S10 72

„Im Jahr 1999 und sieben Monate kommt vom Himmel ein großer, furchtbarer König, um den großen König von Angoulmois zum Leben zu erwecken, bevor nachdem Mars durch Glück regiert."

Rechts *~ Ein Turm in Manhattan als Symbol für die glitzernde Welt des Materialismus. Nostradamus zufolge ist New York aber das Zentrum einer großen spirituellen Umwälzung in Verbindung mit einer Führerfigur.*
Oben *~ Schon Kindern wird um eines fernen Gottes willen Glauben „eingeimpft".*

Dieser Vierzeiler wurde oft einfach als Vorhersage des Weltuntergangs gedeutet. Es gibt in den *Siècles* nicht viele Verse, in denen Nostradamus ein genaues Datum angibt. 1999 ist eine Jahreszahl, die einen nicht kaltläßt. Sie bedeutet das Ende des Jahrhunderts und des Jahrtausends, daher hält man sie oft für das Ende einer Epoche oder gar für das Ende der Menschheit.

Der Wandel der katholischen Kirche

JULI 1999

Die Vorstellung vom jüngsten Tag übte auf viele Deuter einen gewissen Reiz aus. Die Welt wird 1999 vermutlich nicht untergehen. Das Weltall kümmert sich nicht um die Zeitrechnung der Menschen, nur die Menschheit rechnet in Tagen und Monaten. Nostradamus war ein kluger Mensch und wußte das sehr wohl. Trotzdem kann man die Vorstellung eines „Jahrtausends" als Wendepunkt für die Menschheit nicht einfach als Nebensache abtun.

Der wichtigste Hinweis in diesem Vierzeiler ist „Angoulmois", denn hier zeigt sich erneut, daß der Prophet in den Versen oft auf geschichtliche Ereignisse Bezug nahm.

Der Name „Angoulmois" wird in den meisten Deutungen nur als Hinweis auf das finstere Mittelalter gesehen, also beginnen wir unsere Suche dort.

Angouléme wurde vom mongolischen Volk der Hunnen eingenommen, ihr König war der mächtige, grausame Attila. Das Gebiet Angoulmois war die französische Provinz, in der die Stadt Angouléme lag, ein großes Gebiet im Südwesten Frankreichs, heute heißt es Charante. Die Stadt liegt auf einer Hochebene über dem Zusammenfluß der Charante und der Anguienne. Sie bot daher strategische Vorteile gegenüber den angreifenden Westgoten, Hunnen und Mongolen. Aber was soll der Hinweis auf diesen Ort samt seinen Königen, die Hunderte Jahre vor Nostradamus lebten?

Meist wird angenommen, daß ein Zusammenhang zwischen den alten Mongolen und der Geheimen Offenbarung besteht, weil Nostradamus von der Auferstehung der Toten schreibt: „... um den großen

König von Angoulmois zum Leben zu erwecken ..." Das heißt, Christus könnte wiederkommen, um den Hunnenführer Attila aus dem Grab auferstehen zu lassen und ihn für seine Schreckenstaten zur Rechenschaft zu ziehen. Sehr plausibel ist das nicht. Der Grund für den Hinweis auf Angouléme ist viel naheliegender.

Betrachten wir also die Zukunft des Hunnenkönigs Attila, konkret die Zeit, in der Nostradamus lebte.

Als der junge Nostradamus rund 18 Jahre alt war, also etwa 1524, diente dem französischen König Franz I. von 1515 bis 1547 ein Mann namens Giovanni da Verrazano. Der König war zugleich Graf von Angouléme und gehörte (wie auch Katharina von Medici) dem Adelsgeschlecht Valois an.

Verrazano unternahm eine sehr weite Reise zu einer Insel vor der Küste eines Landes, das Columbus 32 Jahre zuvor entdeckt hatte. Er benannte die Insel nach dem Grafentitel des Königs Angouléme, später hieß sie Manhattan. Eine der Brücken nach Manhattan ist nach ihm benannt – die Verrazano Bridge.

Nostradamus wußte über „Angouléme" Bescheid, und glaubt man an seine Sehergabe, ist anzunehmen, daß er eine gewisse Vorstellung davon hatte, was aus der kleinen Insel einige Jahre später werden sollte.

Der Zusammenhang mit der Geheimen Offenbarung wird meist durch die Umkehrung der Zahl 999 in die Zahl 666 hergestellt, sie steht für das Tier in der Apokalypse, den Teufel. Das kann insofern von Bedeutung sein, als viele Vorhersagen des Propheten auf das Ende der Welt und das Jüngste Gericht anspielen, aber zu viele Sorgen sollte man sich darum nicht machen.

Da ist also ein schrecklicher Führer, der im letzten Jahr des Jahrtausends vom Himmel auf New York herabkommt, konkret im Juli 1999. Sein Kommen hat unmittelbar mit der Religion zu tun. Aber warum?

Links *~ König Franz I. regierte in Frankreich, als Nostradamus ein junger Mann war. Franz war ein bedeutender Krieger und kämpfte den Großteil seiner Herrschaft gegen das Heilige Römische Reich.*

Oben *~ Giovanni da Verrazano, ein Italiener am Hofe Franz', reiste zu einer Insel vor der Küste des eben entdeckten Landes Amerika und nannte sie „Angouléme", nach Franz' Titel „Graf von Angouléme". Diese Insel ist das spätere Manhattan.*

Die katholische Kirche stellt sich heute nicht weniger prunkvoll dar als zu Nostradamus' Zeit. Das Bild zeigt eine päpstliche Weihezeremonie vom 6. Januar 1988. In ihrer relativ kurzen Geschichte hat die katholische Kirche mehr Leiden, Tod und Zerstörung als jede andere Kirche hervorgebracht. Nostradamus und die astrologischen Deutungen weisen darauf hin, daß es hier noch in diesem Jahrhundert zu großen Umwälzungen kommt.

Wie hängt das zusammen? Was hat Franz I., der König von Frankreich in Nostradamus' Jugendzeit, mit der Religion zu tun?

Die Lösung liegt in der Tatsache, daß Franz I. 23 Jahre seiner Herrschaft (1521 bis 1544, zwischen Nostradamus' 15. und 38. Lebensjahr) Krieg gegen das Heilige Römische Reich führte, also gegen die irdischen Vertreter der katholischen Kirche.

Nostradamus, der vom Judentum zum katholischen Glauben übergetreten war, verbrachte viele Jahre auf der Flucht vor der gefürchteten Inquisition, die ihn wegen abweichlerischer Ansichten „befragen" wollte. Daher hatte er wohl viel Verständnis für den Kampf des Königs gegen die Kirche. Es kann gut sein, daß Franz in seinen Augen ein Held war, ein „großer König", der „große König von Angouléme (Manhattan)". Einer, der vom Himmel kommt und die Erinnerung an ihn zum Leben erweckt, könnte Ende des 20. Jahrhunderts den Sturz der katholischen Kirche herbeiführen.

Als dieses Buch geschrieben wurde (Anfang 1993), attackierte der Vatikan die amerikanischen Bischöfe wegen deren Haltung zur „unnatürlichen" Lebensweise der Homosexuellen innerhalb und außerhalb der Kirche. Die amerikanischen Bischöfe wurden von der katholischen Kirche heftiger als alle anderen Diözesen angegriffen. Nostradamus zufolge entsteht 1999 daraus ein großer Aufruhr in Zusammenhang mit einer Führerfigur (die vielleicht nur ein Symbol für eine große Veränderung und nicht unbedingt ein konkreter Mensch ist, sondern für eine völlig neue Art des Kirchenverständnisses steht). Dieser Mann kommt nach New York und bringt eine neue Religion.

Der Juli 1999 aus astrologischer Sicht

Nostradamus' Verse stimmen oft recht genau mit astrologischen Berechnungen überein. In den Prophezeiungen findet man nur selten konkrete Jahres- und Monatsangaben. Die Zeit kurz vor der Jahrtausendwende, wo obendrein machtvolle astrologische Konstellationen bestehen, erschien ihm offenbar so dramatisch, daß er einen genauen Zeitpunkt in der Zukunft nannte.

Zum besseren Verständnis ist hier der astrologische Hintergrund wichtig, der in Kapitel 1 beschrieben wurde. Die Veränderungen im Zeitalter des Wassermanns zeigen sich vor allem in einem neuen Gottesverständnis. Der naive Wunderglaube wird von analytischem, objektivem Denken abgelöst. Man kann Gott hinterfragen. Außerdem durchwandert der reinigende Planet Pluto den Schützen, der für Glauben und Religion steht.

Genau im Juli 1999 tritt der Jupiter in den Stier ein, es bahnt sich allmählich eine Konjunktion mit dem Saturn an, die im Frühjahr 2000 exakt ist. Dieser Konstellation genau zur Jahrtausendwende maß Nostradamus große Bedeutung bei.

Beim Horoskop für den Vatikan gilt die Unterzeichnung der Lateranverträge am 11. Februar 1929 als Geburtsdatum. Dabei wurden die heute geltenden Grenzen zwischen dem Vatikan und Italien festgelegt. Man sieht machtvolle astrologische Vorzeichen: Das Geburtsbild zeigt eine günstige Konstellation zwischen der Sonne im Wassermann und dem Mars in den Zwillingen, sie bewirkt viel Energie und Dynamik, weiters besteht eine günstige Konstellation zwischen der Sonne und dem Saturn im Schützen, sie steht für Langlebigkeit und Stabilität.

1992 kam es zu einem Quadrat (ungünstiger Aspekt) zwischen dem Pluto und der Sonne im Geburtsbild. Abgesehen von den Dauerproblemen der katholischen Kirche ist in diesem Jahr nur eine Erkrankung des Papstes erwähnenswert (allerdings weiß man nicht, was hinter den Kulissen vor sich geht).

Der Transit-Uranus tritt bald in den Wassermann ein und bewegt sich im Mai 2000 auf die Geburtssonne zu. Der Uranus war Nostradamus nicht bekannt, er vertraute bei dieser Prophezeiung wohl mehr auf seine Sehergabe. Der Transit-Uranus steht im Mai genau am Ort der Geburtssonne des Vatikans und bleibt das ganze Jahr und auch noch Anfang 2001 in diesem Bereich, im Oktober 2001 ist er neuerlich dort zu sehen.

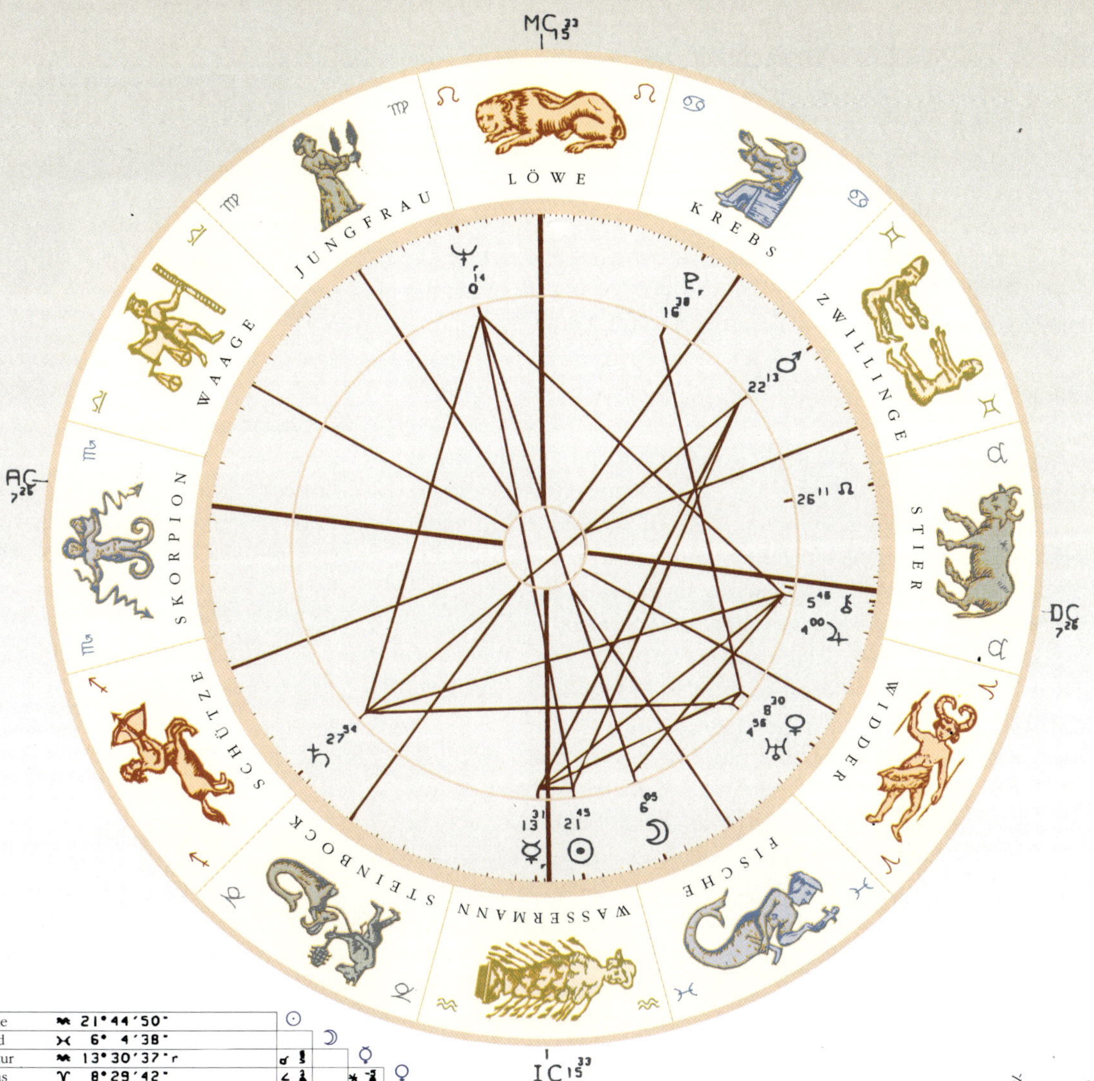

☉ Sonne	♒ 21°44'50"	
☽ Mond	♓ 6° 4'38"	
☿ Merkur	♒ 13°30'37" r	
♀ Venus	♈ 8°29'42"	
♂ Mars	♊ 22°13'14"	
♃ Jupiter	♉ 4° 0'14"	
♄ Saturn	♐ 27°54'27"	
♅ Uranus	♈ 4°55'33"	
♆ Neptun	♍ 0°14'15" r	
♇ Pluto	♋ 16°37'55" r	
☊ Mondknoten	♉ 26°10'32" r ⚷ ♉ 5°46'10	
AC: ♏ 7°26'20"	2: ♐ 6°12'	3: ♑ 9°40'
MC: ♌ 15°32'49"	11: ♍ 18°27'	12: ♎ 15°33'

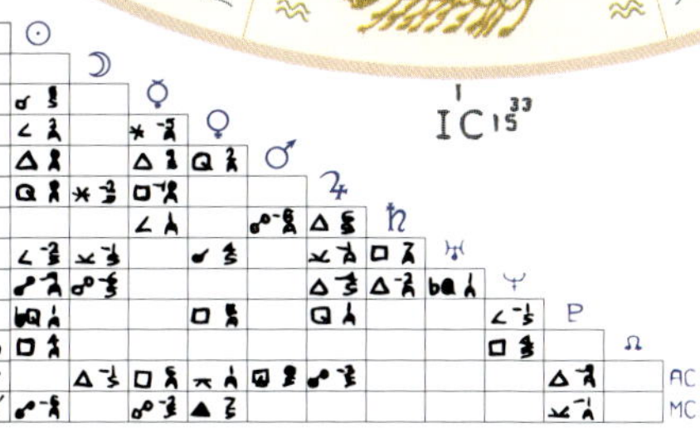

	Kardinal-zeichen	feste Zeichen	bewegliche Zeichen
Feuer	♀ ♅	MC	♄
Luft		☉ ☿	♂
Erde		♃ ☊	♆
Wasser	♇	AC	☽

VATIKANSTAAT

Datum: 11. Februar 1929 ❖ Zeit: 0:00 ❖ Ort: Rom ❖ 12°29' östl. Länge ❖ 41°54' nördl. Breite ❖ MGZ: 23:00 ❖ Sternzeit: 9:12:03

Durch den längeren Aufenthalt eines schweren Planeten in einem Haus entsteht ein mächtiger Knotenpunkt für den Durchgang der übrigen Planeten und begünstigt große Ereignisse. Es ist gut möglich, daß Papst Johannes Paul II. diese Zeit nicht mehr erlebt.

Aller Wahrscheinlichkeit nach werden die jetzigen Kirchen ihre Rolle in den nächsten Jahren neu überdenken müssen.

Jede einzelne Zeile, ja sogar jedes Wort, das Nostradamus schrieb, hat eine bestimmte Bedeutung. Man kann klar erkennen, daß hier ein hervorragender Poet am Werk war, dessen großes Wissen über die Weltereignisse sich auch auf die Zukunft anwenden ließ.

„... bevor nachdem Mars durch Glück regiert."

Was hat der Kriegsgott Mars mit dem Glück zu tun? Die Prophezeiung handelt davon, daß die katholische Kirche in immer größere Schwierigkeiten gerät und schließlich durch einen großen Menschen (oder eine einflußreiche Bewegung) in Zusammenhang mit Manhattan völlig gewandelt wird. Nostradamus kann das als glückliches Ereignis betrachtet haben. Er schreibt nebenbei auch, daß der Mars noch regiert, das heißt, 1999 wird es noch Kriege geben. Man darf dabei nicht vergessen, daß in den letzten 3000 Jahren fast 90 Prozent der 5000 Kriege auf der Welt aus religiösen Gründen ausgetragen wurden.

Im April 2000 bilden Jupiter und Saturn beim Durchgang durch den Stier eine machtvolle Konjunktion mit dem Mars (das ist auch aus den Prophezeiungen für die Schweiz bekannt). Mit dem Satz „bevor nachdem der Mars durch Glück regiert" kann das gemeint sein, der Mars ist an der Konjunktion jedoch nur im April dieses Jahres maßgeblich beteiligt. Andererseits stehen diese drei Planeten praktisch nie gleichzeitig in Konjunktion. Schon eine Konjunktion von zwei der drei Planeten bedeutete für einen Astrologen der Renaissance ein wichtiges Ereignis. Die Konjunktion befindet sich mitten im Stier; das paßt auf viele Länderhoroskope, so daß man astrologisch nicht vorhersagen kann, wer genau was mit wem zu tun hat.

Im Horoskop für die USA findet sich diese Konstellation nicht, aber im Jahr 2000 passiert der Pluto den Aszendenten im Schützen, bei einem solchen Transit sind in den USA bedeutende Veränderungen im religiösen Leben zu erwarten. Im Geburtsbild der USA ist der Aszendent im Schützen, das bedeutet tiefe Religiosität, die oft etwas fanatisch wirkt, da der Schütze für die unerbittliche Suche nach Wahrheit steht.

***Oben** ~ Die berühmte Schweizergarde bewacht den Glockenturm von St. Peter. Dieser Wachdienst wird von der Schweiz für den Vatikan bere gestellt.*

***Rechts** ~ Die Kuppel des Petersdoms, erbaut nach einer Zeichnung von Michelangelo, dem der Dom Santa Maria del Fiore in Florenz als Vorbild dien*

Der neue Gott Europas

1995 ~ Der Fall der katholischen Kirche

De Fez le regne parviendra à ceux d'Europe,
Feu leur cité et lame trenchera:
Le grand d'Asie terre et mer à grand troupe,
Que peur bleux, croix, a mort dechassera.
S6 80

„Von Fez (Marokko) wird sich das Reich zu jenen in Europa ausbreiten, die Stadt entflammt in einem einschneidenden Erlebnis: Der Große aus Asien über Land und Meer in großer Zahl, das Kreuz, vor Schrecken starr, wird in den Tod gestoßen."

Auch das ist ein gutes Beispiel für einen Vierzeiler, der bis jetzt kriegerisch interpretiert wurde. Die zweite Zeile, „Feu leur cité et lame trenchera", wurde oft so übersetzt: „Die Stadt in Flammen, das Schwert wütet ..." Wenn man von Nostradamus nichts als Krieg erwartet, versteht man den Vers eben kriegerisch. Geht man jedoch mit einer friedlicheren Einstellung an die Sache heran, ergibt sich ein anderes Bild.

„Entflammt" kann man auch von einer Inspiration sein, und „lame trenchera" bedeutet statt dem Wüten des Schwerts dann ein einschneidendes Erlebnis.

„Grand troupe" bedeutet von einem kriegerischen Standpunkt aus natürlich eine große Armee, aber wenn man das Schwert fallen läßt, ist damit schlicht eine große Zahl von Menschen gemeint.

Die letzte Zeile wird im Französischen meist als „Que bleux, pers, croix, à mort dechessera" wiedergegeben. Das ergibt keinen Sinn,

Früher oder später kann die stimmungsvolle Atmosphäre katholischer Riten ihre Rückständigkeit nicht mehr überdecken. Die Menschen sollen in unkritischer Gläubigkeit ihr Leid erdulden und Gott und dem Staat treu dienen. Aber ihr Verstand schärft sich, sie legen die Angst ab und wenden sich

wenn man das Wort „pers" nicht als Bezeichnung für einen Menschen in der Zukunft betrachtet (ein beliebter Ausweg, wenn ein Wort nicht interpretiert werden kann), etwa als Hinweis auf einen dritten Antichrist namens Pers. Auch das ist eine umständliche Deutung. Man muß nur das Französischwörterbuch aufschlagen: unter „peur bleux" findet man dort „starr vor Schrecken", wörtlich „blau geängstigt". „Que peur bleux, croix, à mort dechassera" heißt „dieses angsterfüllte Kreuz wird in den Tod getrieben".

Aus der scheinbaren Prophezeiung eines schrecklichen Krieges und von Tod durch Feuer wird die Weissagung einer neuen Religion, bei deren Ausbreitung wiederum Asien eine wichtige Rolle spielt. Eine große Gruppe von Menschen kommt aus Marokko nach Europa und „entflammt" dort die Städte durch das einschneidende Erlebnis eines neuen Gottesverständnisses, was wiederum das Christentum mit Angst erfüllt.

In Nostradamus' Vision geht das Alte zugrunde, und Neues entsteht. Beim Menschen gehen Veränderungen stets langsam vor sich, vor allem auf zentralen Gebieten wie Krieg oder Glaube. Der Übergang vom Zeitalter der Fische zur Zeit des Wassermanns dauert Jahrhunderte, und auch das neue Verständnis von Gott bildet sich nur langsam aus. Die Veränderungen sind aber schon jetzt spürbar. Der Prophet gibt uns viele Hinweise darauf. In einer Reihe von Vierzeilern erklärt er, in welche Richtung sich die Religion künftig entwickelt. Er beschreibt die geistigen Grundlagen für die Veränderung und die Menschen, die diesen Wandel in Vergangenheit und Zukunft beeinflussen.

einem Gott zu, der ihnen gefühlsmäßig näher ist. Der Himmel ist nicht mehr gefragt, Ende des Jahrhunderts zählen persönliche Erfahrung und die Nähe zum Göttlichen.
Im nächsten Jahrhundert hat Gott eine ganz andere Bedeutung.

Porphyrios bringt das Boot ins Wanken

Wenn man das ganze Leben im Licht (oder Schatten) des Christentums zugebracht hat, kann man sich oft schwer eine andere Großreligion in der westlichen Welt vorstellen. Dabei ist das Christentum eigentlich eine eher junge Glaubensrichtung, und Nostradamus weist immer wieder darauf hin, daß wir uns vielleicht zu einer Religion hinentwickeln, die auf einem viel älteren Glauben beruht.

Avant qu'avienne le changement d'Empire,
Il aviendra un cas bien merveilleux:
Le champ mué, le pilier de porphyry
Mis, translaté sus le rocher noueux.
S1 43

„Bevor das Reich sich verändert, ereignet sich ein wunderbares Beispiel: das Feld (Bereich) in Bewegung, der Mast (Säule oder Baum) des Porphyrios steht fest, es wird auf den zerklüfteten Felsen gebracht."

Wie sich bereits bei vielen Deutungen gezeigt hat, verwendete Nostradamus zur Veranschaulichung seiner Botschaft gern die Namen berühmter Persönlichkeiten aus seiner Gegenwart und Vergangenheit. Heute sind diese Menschen meist in Vergessenheit geraten, nur verstaubte Bände in den Bibliotheken geben Zeugnis von ihnen. Einer dieser Menschen ist der griechische Philosoph Porphyrios, einer der Neuplatoniker. Heutzutage kennt ihn kaum jemand. Trotzdem steht sein Name klar und deutlich in diesem Vierzeiler.

Porphyrios gehörte zu den Christengegnern der ersten Jahrhunderte nach Christus. Zu dieser Zeit galt das Christentum als eine Art Kultsekte, vergleichbar mit wenig angesehenen religiösen Gruppierungen der heutigen Zeit. Kein Mensch kannte Jesus oder interessierte sich für ihn; verbreitet wurde das Christentum erst vier Jahrzehnte später durch das Edikt eines römischen Kaisers, der praktisch nichts über Jesus wußte. Auch die wichtigsten Bibeltexte wurden von Männern verfaßt, die Jesus nie gesehen hatten. Darauf ist das Christentum gegründet.

Der Philosoph Porphyrios war ein Gegner des Christentums, der „neuen Religion“. Er lebte von 234 bis 305 in Rom, also gerade zu der Zeit, in der die Kirche des Jesus Christus ihren Anfang nahm. Sein Buch *Gegen die Christen* wurde 448 feierlich verbrannt, seine Ansichten waren aber bis zu Nostradamus' Zeit verbreitet. Berühmt waren vor allem seine Schriften über Aristoteles, auf denen die mittelalterliche Logik beruht.

Eines der Grundkonzepte Porphyrios' war die vegetarische Ernährung, und in mittelalterlichen Lehrbüchern diente Porphyrios' philosophischer Baum als Hilfe zum Verständnis der logischen Kategorien des Lebens. Nostradmus wußte darüber Bescheid; er schreibt, daß kurz vor dem tiefgreifenden Wandel des christlichen Lehrgebäudes ein „wunderbares“ Beispiel der neuen Religion zu sehen ist: „… das Feld (Bereich, Begriff) bewegt sich, der Mast (Säule oder Baum) des Porphyrios steht fest, es wird auf den zerklüfteten Felsen gebracht.“

Der zerklüftete Fels ist natürlich der Felsen Petri, die katholische Kirche in Rom, über die Nostradamus zufolge der Sturm des Neuen hinwegfegt.

Honig und Wachs

Der geniale Prophet aus dem 16. Jahrhundert begnügt sich nicht mit dieser eigenartigen, erfrischenden Weissagung voller Poesie: Gleich im nächsten Vers nimmt er den Faden wieder auf und setzt die Geschichte fort.

„Bald darauf kehren die Opfer wieder, die Übeltäter werden ein Martyrium erleiden: es wird keine Mönche, Priester oder Novizen mehr geben: Honig wird teurer sein als Wachs."
S1 44

Kaum hat sich der neue Glaube gefestigt, beginnen die eben Bekehrten die Ungläubigen zu bestrafen. Das war in der Vergangenheit bei jeder neuen Religion so. Die Dummheit mancher Menschen läßt sich durch einen Wandel der Kirche nicht beseitigen. Das Martyrium ist vielleicht weniger stark von Grausamkeit geprägt als zu Nostradamus' Zeit, aber es liegt nahe, daß er ein künftiges Klima des religiösen Fanatismus für möglich hielt, denn er kannte die Schrecken der spanischen Inquisition, und religiöse Wirren gehörten für ihn zum Alltag.

Aber auch im 20. Jahrhundert sind religiöse oder sonstige Schrecken nichts Unbekanntes, und die neu erstandene Gläubigkeit kann sich genauso wie in der Vergangenheit verheerend auswirken; schließlich neigt der Mensch dazu, Unschuld und Freude zu zerstören.

Mönche, Priester und Novizen wird es in der bisherigen Form nicht mehr geben. Das steht eindeutig fest. Und Honig wird dann teurer als Wachs. Anders gesagt, wird das alte, verkrustete Kerzenwachs in den Kirchen und das Siegelwachs der Kirchenhierarchie verschwinden. An seine Stelle tritt gesunde Ernährung mit natürlichen Lebensmitteln.

Der künftige Weg zeichnet sich immer deutlicher ab. Die Einstellung zu Ernährung und Gesundheit ist von Reinheit (ohne übertriebene Strenge) geprägt. Vegetarisch zu leben ist normal, die Priester und Mönche sind völlig gewandelt, falls es sie überhaupt noch gibt. Vielleicht lassen sich Hinweise darauf finden, auf welcher Grundlage die neue Religiosität entsteht.

In rund 90 Prozent aller Kriege, die je ausgetragen wurden, ging es um religiöse Überzeugungen. Stirbt der Glaube, enden vielleicht auch die Kriege.

Der Mann der kunstvollen Rede

Celuy qu'aura la charge de destruire
Temples & sectes changes par fantasie,
Plus aux rochers qu'aux
Vivans viendra nuyre,
Par langue ornee d'oreilles ressaisies.
S1 96

„Er, der dafür verantwortlich ist, daß Tempel und Sekten zerbrechen, die durch die Phantasie verändert wurden, wird den Felsen mehr Schaden zufügen als den Lebenden, die kunstvolle Rede füllt unablässig die Ohren."

Die Geschichte gibt uns zuverlässige Hinweise auf Veränderungen. In Krisenzeiten mehren sich diese Hinweise. Zur Zeit Buddhas gab es im Fernen Osten nicht weniger als elf erleuchtete Meister, die Jesus durchaus das Wasser reichen konnten. Jetzt, am Ende unseres Jahrhunderts, ist das Leben von Krisen bestimmt; gleichzeitig sind auch stärkere religiöse Einflüsse aus Indien zu spüren als in all den Jahrhunderten davor.

***Oben** ~ Ein Bodhisattva, wahrscheinlich aus der Sui-Dynastie. In dieser Figur verbinden sich indische Mystik und klassisch schöne Formgebung.*

***Rechts** ~ Buddha-Figur aus schwarzem Marmor.*

In den Nostradamus-Deutungen wurde dieser Vers oft so ausgelegt, daß ein neuer religiöser Führer erscheint, dem Menschen wichtiger als Tempel sind. Die Gotteshäuser waren in der Vergangenheit Ausdruck für die Kirche als Organisation. In manchen Teilen Europas hat ihr Niedergang schon begonnen, vor allem in England sind viele Kirchengebäude vernachlässigt und verfallen oder dienen als Wohn- und Bürogebäude.

Die Deuter betrachten den „Felsen" als den Felsen Petri, als den Vatikan oder die katholische Kirche. Daraus kann man schließen, daß die Fähigkeiten und die Macht dieses Mannes als religiöser Führer der katholischen Kirche schaden. Diese Auslegung scheint nur logisch zu sein und wird in den meisten ernstzunehmenden Deutungen auch nicht bestritten.

Der Vers beinhaltet aber mehr, als auf den ersten Blick zu erkennen ist. Betrachtet man ihn quasi mit der Lupe, kann man zwischen den Zeilen herauslesen, wie Nostradamus sich diesen Mann (oder Einfluß) vorstellte.

Es soll hier keineswegs behauptet werden, daß eine Einzelperson die Welt in ein völlig neues Dasein führen wird. Es kann aber sein, daß ein wichtiger Impuls von konkreten Einzelpersonen ausgeht und in den Vierzeilern darauf verwiesen wird. Nostradamus' Schriften vermitteln den Eindruck, daß der Wandel durch eine Veränderung der inneren Einstellung entsteht, bestimmte Menschen aber dabei eine Hilfestellung bieten können. Um die neue Form der Religiosität besser veranschaulichen zu können, werden daher zwei berühmte Persönlichkeiten herangezogen. Eine davon wird in den Vierzeilern wiederholt genannt, die zweite hilft uns, die entscheidenden Punkte besser zu verstehen, die für die neue Sicht Gottes besonders wichtig sind. Neben diesen beiden Personen gibt es zahlreiche andere, etwa Buddha, Mahavira, Lao Tse, moslemische Gelehrte sowie eine allgemeine Hinwendung zu östlichen Strömungen – sie alle wirken auf die Veränderungen ein, die um die Jahrhundertwende zu erwarten sind. Der religiöse Wandel, von dem Nostradamus schreibt, ist insofern schwierig zu erklären, als es sich um etwas handelt, das dem westlichen Geist weitgehend fremd ist. Daher kann man nur anhand konkreter Personen aufzeigen, in welche Richtung der Weg in etwa geht. Über die hier beschriebenen Menschen kann man bei Bedarf auch Genaueres nachlesen.

Wir beginnen mit dem Einfluß des Ostens, genauer gesagt, dem Mann, der Nostradamus zufolge offenbar unserer religiösen Zukunft den Weg bereiten könnte.

Der Herr des Vollmonds

Die ersten bedeutsamen Worte im vorigen Vierzeiler finden sich in der Zeile „... die durch die Phantasie verändert wurden“. Das könnte ein Hinweis darauf sein, um welche innere Einstellung es gehen soll. Vielleicht hat die Phantasie des Menschen die ursprüngliche Botschaft der katholischen Kirche verändert, aber passender für die Beschreibung dieser Veränderung wären Begriffe wie „Dogma“ oder „Angst“ oder sonst ein Wort, nicht aber „Phantasie“. Vielleicht ist also die Quelle der Vision gemeint, durch die das Leben eine dramatische Wende erfährt.

Die nächste wichtige Zeile lautet, er „wird den Felsen mehr Schaden zufügen als den Lebenden“. Er ist ein Mann voller Liebe. Es geht ihm daher um den Menschen und nicht um Gebäude – das „goldene Kalb“, das der Mensch sich gern errichtet, wenn er sich im Glauben haltlos fühlt.

An dritter Stelle steht die Zeile „... die kunstvolle Rede füllt unablässig die Ohren“. Wir haben es mit einem redegewandten Mann zu tun, dessen Worte allen, die ihm zuhören, unablässig in den Ohren klingen.

Zieht man das Datum im ersten Vierzeiler dieses Kapitels nicht in Zweifel, glaubt man also, daß der neue Glaube Ende der neunziger Jahre spürbar wird und daß zugleich die katholische Kirche einen tiefgreifenden Wandel erfährt, kann man davon ausgehen, daß es schon jetzt Zeugnis von dem Mann gibt, den Nostradamus beschreibt. Er muß eine bedeutsame Persönlichkeit sein, ein mächtiger religiöser Führer, sonst könnte sein Einfluß nicht so stark sein. Der erste Vers des Vierzeilers weist darauf hin, daß ihm wohl wirklich die Zerstörung bestehender Gotteshäuser vorgeworfen wurde. Vielleicht mußte er deswegen sogar ins Gefängnis.

Im zweiten Vers kommt als letzter Hinweis dazu, daß Nostradamus offenläßt, ob dieser Mann bereits verstorben ist oder nicht.

***Oben** ~ Der Mond in Gestalt einer Frau, zwischen den Füßen sieht man das Sternzeichen Krebs, über das sie herrscht. Der Mond steht über dem Meer, das ganz unter seiner Hoheit steht.*
Der Glauben der Zukunft läßt sich entschlüsseln, wenn man die Verweise auf die alte Mythologie in Nostradamus' Versen betrachtet. Durchkämmt man die Zeilen sorgfältig nach Spuren, findet man viele Hinweise, manche sind gut verborgen, andere sehr eindeutig. Daraus ergibt sich der Weg hin zur neuen inneren Einstellung, einer sehr persönlichen Sicht von Leben und Tod. Die althergebrachten Riten und Regeln werden praktisch bedeutungslos.

Vielleicht findet sich die Antwort in einem anderen Vers.

Eine Reihe der Vierzeiler der zweiten *Siècles* bietet sich dafür an. Oft ist eine exakte Deutung schwierig, weil keine konkreten Worte oder Sätze eindeutige Hinweise liefern, aber genau diese Verse sind wahre Leckerbissen.

„Der vorletzte Name des Propheten nimmt Diana für seinen Tag und die Rast: in losem Kleid wandert er weit (oder kommt von einem entlegenen Ort), durch ein auf wühlendes Zeugnis, zu retten ein großes Volk vor der Bürde (im Altfranzösischen ‚Steuerlast').“

In der Übersetzung sind Nostradamus' Verse nicht immer grammatikalisch richtig, aber es ist besser, sie wörtlich zu übersetzen und dem Meister nicht einfach etwas in den Mund zu legen, wie es viele Deuter in der Vergangenheit taten. Was verrät uns dieser Vers? Der vorletzte Name dieses Führers hin zum Glauben der Zukunft hat etwas mit Diana zu tun. Ist die Mondgöttin Diana gemeint?

Zweitens kommt der Mann von weit her und trägt ein lose sitzendes Kleid, wobei das Wort „vaguera“, das er an dieser Stelle gebraucht, auch „weit weg“ heißen kann. Es ist nicht anzunehmen, daß Nostradamus zweimal „weit weg“ schreibt, zuerst „Loing“ und dann „vaguera“. Es ist schlüssiger, daß der Mann einen weiten Weg hinter sich hat und ein loses Gewand trägt.

Er gibt aufwühlendes Zeugnis und rettet viele Menschen vor der Bürde. Nostradamus dachte sicher an die Bürde der herkömmlichen Kirchen.

In anderen Vierzeilern ist zu erfahren, daß er aus dem Osten kommt; wenn er „weit gewandert“ ist, stammt er vielleicht aus Indien, wo die Toten in der Regel eingeäschert werden (siehe Hinweis 12 im Kasten).

Daraus läßt sich erkennen, auf welchen Menschen Nostradamus konkret anspielte, um uns die neue Art des Denkens zu vermitteln, auf der die neue Art des Glaubens fußt. Hier muß noch einmal darauf hingewiesen werden, daß es nicht darum geht, daß dieser Mann an die Stelle der bestehenden Kirchen tritt, das läßt sich weder aus Nostradamus' Schriften noch aus den astrologischen Zeichen ableiten.

Die neue Art des Glaubens fußt auf Selbsterkenntnis, einer neuen Form der Liebe, der Persönlichkeit, der Freude und vor allem der Meditation. Im Westen hat man völlig falsche Vorstellungen von Meditation, man kann sich hier einfach nicht vorstellen, daß man zu denken aufhören kann. Uns bedeutet das Denken alles, im Osten bedeutet es nichts. Es ist nur die zweitbeste Möglichkeit.

Wir haben folgende Hinweise:
1. Er hat Phantasie.
2. Er steht für Liebe und die Zerstörung der alten Bilder und Symbole.
3. Er ist poetisch, die Menschen hören ihm zu.
4. Wahrscheinlich ist er uns schon bekannt.
5. Vielleicht wurde er wegen seines „aufwühlenden Zeugnisses" zur Rechenschaft gezogen, womöglich inhaftiert.
6. Er kann am Leben oder schon tot sein.
7. Der vorletzte Name hat mit Diana – wahrscheinlich mit dem Mond – zu tun.
8. Er kommt von weit her.
9. Er trägt vermutlich ein loses Gewand.
10. Er hat eine aufwühlende Botschaft, vielleicht bringt sie ihn in Schwierigkeiten (siehe Hinweis 5).
Außerdem wissen wir:

„Seine Jünger laden ihn zur Unsterblichkeit ein ...
sein Körper ist im Feuer."

Es gibt auch mehrere Hinweise auf den Mond und darauf, daß dieser Mann „allein mit seinem Geist" ist und „schweigend in Ruhe" verharrt. Damit haben wir die wichtigsten Informationen.
11. Er ist bereits tot.
12. Er wurde eingeäschert.

Rajneesh Chandra Mohan

Osho hat seinen Körper zwar vor kurzem verlassen, doch mit seiner Art zu leben war er ein leuchtendes Beispiel dafür, wie ein freudvolles erfülltes Leben in Meditation Wirklichkeit werden kann. Nostradamus beschrieb diesen Mann, um uns einen Hinweis darauf zu geben, wie sich das Tor in eine Zukunft voll Liebe öffnen läßt.

In dem Buch *Die unglaublichen Weissagungen des Nostradamus zur Jahrtausendwende* stellte V. J. Hewitt ein umfassendes Entschlüsselungssystem zur Deutung der Vierzeiler vor. Welche Vorteile dieses System auch sonst haben mag, es führte über Zahlencodes und Anagramme zum Namen des Mannes, den wir in diesem Kapitel mit detektivischem Spürsinn „ausforschten". John Hogue kam Mitte der achtziger Jahre in einem Buch ebenfalls zu dem Schluß, daß dieser Mann durch sein Denken und seine Philosophie Ende des Jahrhunderts einen Wandel im Glauben herbeiführen kann.

Betrachten wir nun unsere Hinweise vor diesem Hintergrund.

1. Der Mann hieß ursprünglich Rajneesh Chandra Mohan. Er war Philosophieprofessor in Indien, bis er Anfang der siebziger Jahre vor einem großen Publikum über eine neue Sicht der Religion und des persönlichen Glaubens zu sprechen begann. Seine Lehre galt als etwas völlig Neues, sie war ganz anders als die Art der Religion, die die herkömmlichen Kirchen vermittelten. Er kritisierte diese Religionen scharf und sprach mit viel Phantasie und in kunstvollen Worten.

Sein vorletzter Name, Chandra, bedeutet Mond. Rajneesh bedeutet „Herr des Vollmonds". Das paßt zu den Hinweisen 1, 2, 3 und 7.

2. In den siebziger Jahren lebte er im Rajneesh Ashram in Poona in Indien, wo er zu Tausenden Anhängern und Besuchern sprach. Den indischen Behörden waren seine höchst provokanten und „aufwühlenden" Reden gar nicht recht. Sie versuchten immer wieder, sein Wirken zu unterbinden; Rashneesh fand auch für den amerikanischen Präsidenten Reagan und den Papst sehr harte, kritische Worte. Das paßt zu den Hinweisen 4 und 8.

3. Bei seinen Vorträgen im Ashram trug Rajneesh stets lange, wallende Gewänder – siehe Hinweis 9.

Der indische Meister Osho wies der westlichen Welt in diesem Jahrhundert den Weg zu einer revolutionären, neuen Art des Glaubens.

4. 1981 reiste er von Indien nach Amerika, wo er sich vier Jahre aufhielt. Er kritisierte die Regierung der USA unentwegt und mußte schließlich wegen der angeblichen Vergehen einer kleinen Zahl seiner Anhänger das Land verlassen. Doch bevor er nach Indien zurückkehren durfte, wurde er zuerst in South Carolina und dann in Oregon verhaftet und des illegalen Aufenthalts in den USA angeklagt. Das Verfahren wurde zwar eingestellt, dennoch mußte er aus den USA ausreisen. Es heißt, daß er nur wegen seines „aufwühlenden Zeugnisses" ausgewiesen wurde. Hinweise 5 und 10 passen hier dazu.

5. Nach der Ausweisung aus den USA durfte er auch in die meisten anderen Länder der „zivilisierten" Welt nicht mehr einreisen. Nach langen Fahrten kreuz und quer durch die Welt zeigte sich, daß ihn kein Land mehr sein „aufwühlendes Zeugnis" ablegen lassen wollte. Offenbar hatte die ganze Welt Angst vor der Wahrheit aus seinem Mund.

Schließlich kehrte Rajneesh nach Indien zurück, der Ashram wurde in der Stadt Poona in der Nähe von Bombay wiedereröffnet. Rajneesh nannte sich von nun an Osho. Nach seinem Tod im Januar 1990 verbrannten seine Anhänger den Leichnam, wie es in Indien üblich ist. Das deckt sich mit den Hinweisen 6, 11 und 12.

In den *Siècles* finden sich auch andere Vierzeiler mit jeder Menge Hinweise auf einen Menschen, dessen Lehren für das Glaubensverständnis der Zukunft richtungweisend sind und mit denen vermutlich Rajneesh gemeint ist.

Das Interessante dabei ist, daß jeder Hinweis auf etwas Bezug nimmt, das über den einzelnen Menschen hinausführt. Immer wieder kommt die Sicht des Lebens der östlichen Welt vor, etwa Wiedergeburt, Liebe, die Reise nach innen und Meditation. Daraus erkennt man, wo sich für Nostradamus neue Möglichkeiten ergeben.

C. G. Jung
Der Geist des Westens

In der westlichen Welt des ausgehenden 20. Jahrhunderts ist C. G. Jung wohl bekannter als Osho, dennoch ist seine Botschaft nicht wesentlich anders, er drückt sie nur auf westliche Art aus. Den religiösen Wandel, der aus dem Osten kommt, haben wir anhand von Nostradamus' Prophezeiungen beschrieben. Mit Hilfe der Astrologie soll der Charakter dieser Religion nun aus dem vertrauteren westlichen Blickwinkel betrachtet werden, konkret anhand des Horoskops für C. G. Jung.

Vorweg muß gesagt werden, daß man aus einem Geburtsbild nicht erkennen kann, wie ausgeprägt die Talente und Visionen oder das geistige Format eines Menschen sind. Es kann durchaus sein, daß jemand ein ähnliches Horoskop wie ein hier beschriebener Mensch hat und trotzdem keinen weltweiten Einfluß erlangt. Ein berühmtes Beispiel dafür ist ein Mann, der am selben Tag wie der englische König Georg VI. geboren wurde. Dieser Mann war Schuster. Er heiratete am selben Tag wie der König, litt an denselben Krankheiten, sein Leben war ähnlich strukturiert, aber eben auf „normal sterblicher" und nicht auf königlicher Ebene.

Bei Jungs Geburt stand die Sonne im Feuerzeichen Löwe. Damit ist der Grundcharakter des Menschen vorgegeben: ein unabhängiger Geist, ausgeprägte intuitive Wahrnehmung, Interesse für das Phantasiebetonte und Spirituelle sowie die Ablehnung anderer Autoritäten neben sich. Wenn ein solcher Mensch seine Bemühungen auf das Verstehen und Heilen kollektiver und individueller Leiden konzentriert, tut er das als typischer Vertreter eines Feuerzeichens auf eine sehr individuelle, oft provokante und stets ungewöhnliche Weise. In einem Feuerzeichen geborene Menschen haben viel Sinn für dramatische Effekte und wollen nach außen hin Maßstäbe setzen. Jung ist da keine Ausnahme.

In seinem Geburtsbild ist die Sonne im absteigenden Zeichen. Das heißt, der Sinn des Lebens bestand für ihn in der Arbeit zum Wohl der

Eine neue Sicht des Glaubens und seinen Zusammenhang mit der menschlichen Gesellschaft findet man bei C. G. Jung verständlicher und schöner beschrieben als bei den anderen westlichen Philosophen dieses Jahrhunderts. Auf den folgenden Seiten wollen wir Jungs Geburtshoroskop näher betrachten und untersuchen, wie sein Charakter seinen Geist und seine Weltsicht beeinflußte.
Jung und Osho hatten viel gemeinsam. Der eine kommt zwar aus dem Osten und der andere aus dem Westen, dennoch haben sie eine ähnliche Botschaft und sehr ähnliche astrologische Züge.

Jungs Philosophie brachte der westlichen Welt die Vorstellung von einem globalen Bewußtsein näher, vom Zusammenspiel aller Einflüsse, die während des gesamten Lebens auf die Menschheit einwirken. Diese Spielart des östlichen Denkens brachte einen frischen Wind in den westlichen Geist und bildet eine wesentliche Grundlage für die Zukunft.

anderen. Der Deszendent an der Spitze des siebten Hauses steht für die Beziehung zu anderen. Diese Konstellation findet man oft bei Menschen, die im Lehr- oder Medizinbereich arbeiten, etwa bei Freud. Auf der psychischen Ebene bedeutet die Sonne im siebten Haus auch, daß die Kreativität dieses Menschen stark auf andere wirkt. Vielleicht gründet er eine Art Schule, Vereinigung oder Organisation, um seine „Botschaft" einem breiteren Publikum vermitteln zu können.

Jungs Geburtssonne steht zwar im Feuerzeichen Löwe, viele Planeten befinden sich aber in Erdzeichen. Diese Kombination steht für Kreativität, aber auch für Spannungen, denn die Erde symbolisiert Realitätsnähe. Der Mond steht in einem Erdzeichen, daher war Jung auf der Gefühlsebene und im Privatleben wesentlich realistischer und „bodenständiger", vielleicht auch zurückgezogener und selbstgenügsamer, als man aus seinem Werk folgern könnte. Er war auch in finanziellen und geschäftlichen Dingen äußerst geschickt. Zum Unterschied zu vielen Menschen, die sich mit Esoterik befassen, konnte er gut mit Geld umgehen und seine Vorstellungen erfolgreich in praktische Arbeitsmethoden umsetzen. Er war, mit anderen Worten, ein praktischer Idealist, der wichtige Impulse für die Religion der Zukunft lieferte, der viel mehr erkannte, als er aussprach, und genau wußte, daß seine Visionen oft nur verzerrt umgesetzt werden konnten. Er hatte eine Abneigung gegen „Jünger", schätzte aber eine verständige Zuhörerschaft. Interessanterweise führte der Mond in einem Erdzeichen bei Jungs Persönlichkeit auch zu einem sehr handfesten Sinn für Humor.

Der Aszendent ist im Luftzeichen Wassermann, das fördert die Fähigkeit, sich klar auszudrücken und die oft eher undurchsichtigen Visionen, die aus der Sonne im Feuerzeichen entstehen, auch weiterzugeben. Der Aszendent in einem Luftzeichen steht auch für Talente im Umgang mit Menschen. Jung konnte Sympathien auf sich ziehen (wie auch Osho, der „Mann der kunstvollen Rede"), das Publikum begeistern und ein Thema gut präsentieren.

C. G. JUNG

Datum: 26. Juli 1875 ❖ Zeit: 19:32 ❖ Ort: Basel, Schweiz

7°35' östl. Länge ❖ 47°33' nördl. Breite ❖ MGZ: 19:02:16 ❖ Sternzeit: 15:48:51

Der Aszendent im Wassermann bedeutet auch Sensibilität dafür, wie sich im kollektiven Unbewußten die neuen Vorstellungen festsetzen. Die Gedanken einer so vielschichtigen Persönlichkeit wie Jung kann man zwar nicht zur Gänze nachvollziehen, aber offenbar hatte er für die Vorstellung von einem „äußeren" Gott, einer menschenartigen Vaterfigur im Himmel, nichts übrig. Anscheinend war ihm bewußt, wie eng die „dunkle" Seite des Menschen, das Verborgene, mit dem Göttlichen verknüpft ist. Er sah Körper und Geist nicht als voneinander getrennt, er betrachtete vielmehr den ganzen Menschen als Einheit. Die außergewöhnliche Verbindung von Spiritualität und Psychologie in seiner Persönlichkeit wirkt auf viele Menschen verwirrend, weil sie diese Bereiche nur getrennt voneinander sehen können. Jung machte auch keine Trennung zwischen dem spirituellen Leben und der Notwendigkeit, sich durch harte Arbeit seinen Platz auf der Welt zu sichern. Das ist Ausdruck der Feuer-Erde-Kombination im Horoskop. Er legte Wert auf Disziplin und Ordnung, hielt nichts von Untätigkeit und war davon überzeugt, daß viele Leiden nur entstehen, weil man sich der eigenen Wirklichkeit und der realen Welt nicht stellen will. Er glaubte an die heilende Kraft der Gedankenwelt, die Macht der Bilder und der Phantasie, die durch Musik, Malerei und Poesie sowie auch durch Psychologie und Meditation entstehen.

Aus der Beschreibung dieser beiden Persönlichkeiten der jüngsten Vergangenheit zeigt sich jetzt hoffentlich deutlicher, in welche Richtung sich die künftige Glaubenswelt entwickelt und welche Art neues Gottesbild entstehen kann. Bei Osho, wie ihn Nostradamus beschrieb, und wohl auch bei Jung – wie aus seinem Hosorkop zu sehen ist – geht es im wesentlichen um einen Gott im Inneren des Menschen beziehungsweise um das Vollkommene, Religiöse in uns selbst; es geht nicht mehr um einen Gott, der einfach bestimmt, daß das Leben in erster Linie Leiden bedeutet und nach dem Tod die Erlösung kommt. Das neue Gottesbild führt uns zur Erlösung hier und jetzt.

Kapitel 6

MUTTER ERDE UND DER GROSSE WANDEL

Oben ~ *Ein riesiger, inselartiger Eisberg löst sich vom südlichen Eisgürtel. Eine Verschiebung der Erdachse, wie sie für das Jahr 2005 vorausgesagt wurde, hätte schwerwiegende Folgen: neben einem Anstieg des Meeresspiegels käme es auch zu einem Klimawandel.*

Rechts ~ *Ausbruch des Vulkans Ätna am 15. April 1992 in der Nähe des italienischen Dorfes Zafferana.*

Nostradamus führt zahlreiche Beispiele für künftige Naturkatastrophen an. Sie reichen von Vulkanausbrüchen über Erdbeben bis zu Überschwemmungen, sogar ein Milchregen wird prophezeit.

Eine ganze Reihe der Vierzeiler aus den *Siècles* deutet auf einen verheerenden Klimawandel hin, mit dem Mutter Erde auf die Anwesenheit von uns Menschen reagiert. Vorhergesagt werden darin neben höchst Befremdlichem, etwa dem Herabregnen von Milch, auch sehr realistische Ereignisse wie Erdbeben, Vulkanausbrüche und gewaltige Flutwellen. Ein Vierzeiler wird sogar dahingehend gedeutet, daß es zu einer Verschiebung der Erdachse kommen wird.

Nostradamus zeigte auch reges Interesse für Wissenschaft und Medizin, schließlich war er in erster Linie nicht Prophet, sondern Arzt.

Im ersten Teil dieses Kapitels gehen wir genauer auf die einschneidenden, dramatischen Ereignisse ein, die wir für die Umwelt zu erwarten haben.

Aprés la pluie lait assez longuette,
En plusieurs lieux de Reims le ciel touché:
Hélas quel meurtre de sang prés d'eux s'aprête,
Péres et fils Rois n'oseront approcher.
S3 18

„Nach dem langen Milchregen
hat mehrere Plätze in Reims der Himmel berührt:
Ach, welch blutiger Mord wird in der Nähe vorbereitet,
Väter und Söhne – Könige werden nicht wagen, sich zu nähern."

Der Himmel in Aufruhr

In der Geschichte der Menschheit wurde immer wieder von Ereignissen berichtet, bei denen die unglaublichsten Dinge vom Himmel fielen. In der Bibel ist an zahlreichen Stellen nachzulesen, daß es Steine, Fische, Frösche oder Getreide regnete. Auch in der jüngeren Vergangenheit waren solche Phänomene gar nicht so selten. Am 9. Mai 1867 mußte sich in Dublin (Irland) ein Polizist vor einem Hagel aus Beeren und Nüssen in Sicherheit bringen, die während „eines gewaltigen Regens in großer Zahl und mit großer Wucht“ vom Himmel fielen. Von den aufgesammelten Beeren heißt es, sie hätten „die Form einer sehr kleinen Orange mit einem Durchmesser von etwa einem halben Zoll, sie sind von schwarzer Farbe, im Inneren sehen sie aus wie aus hartem, dunkelbraunem Holz gefertigt. Dazu verströmen sie einen schwachen, aromatischen Duft.“

In der Nacht des 18. Oktober 1867 fiel in Thames Ditton in England etwa zehn Minuten lang Feuer vom Himmel. Am nächsten Morgen waren die Pfützen von einer dicken Schwefelschicht bedeckt.

Vielleicht ist Nostradamus' Vorhersage, daß es Milch und Blut regnen würde, doch nicht so weit hergeholt. Als erstes fällt einem bei dieser Prophezeiung wohl saurer Regen ein, allerdings gibt es auch Deutungen in die Richtung, daß der Vierzeiler über „Milch und Blut“ (S3 19) auf Samen und Blut in Zusammenhang mit AIDS hinweist. Beide Vierzeiler lassen es möglich erscheinen, daß im Mittelmeerraum extreme Klimaverhältnisse herrschen werden. Im vorher zitierten Vers wird Reims erwähnt, im Vierzeiler S3 19 kommt Lucca vor, eine kleine Stadt nahe der italienischen Küste.

1992 fegte einer der schrecklichsten Hurrikans (Andrew) über die Küste der Vereinigten Staaten hinweg. Meteorologen zufolge, die diese Unwetterkatastrophe anschließend untersuchten, könnten aufgrund der verstärkten Erwärmung der Erde derartige Wetterextreme künftig häufiger auftreten. Bei einem gewaltigen Vulkanausbruch in Verbindung mit einem Tornado oder Hurrikan kann es durchaus sein, daß Milch (saurer Regen) und selbst Blut vom Himmel fallen.

1979 wurde Martinique vom Hurrikan „David“ erfaßt, der Sturm verursachte schwere Schäden in der Region, Menschen kamen ums Leben. Zuverlässige Wettervorhersagen werden wohl auch in den nächsten Jahren noch nicht gelingen.

Oben ~ *Aufgrund der Ölpest vor der saudi-arabischen Küste verendet ein Vogel. Von allen Lebewesen auf unserem Planeten ist der Mensch dasjenige, das der Natur den größten Schaden zufügte. Das Zerstörungspotential des Menschen scheint unendlich zu sein. Jahr für Jahr ersinnt er neue Tötungsmethoden für die Tier- und Pflanzenwelt. In den neunziger Jahren erlebten wir wiederholt riesige Ölverschmutzungen. Jedesmal hieß es dann, daß etwas geschehen müsse, und bald darauf kam die nächste Ölpest. Die nahe Zukunft – nach dem Jahr 1996 – bringt uns vor allem Ozonlöcher, und davon sind nicht nur Tiere betroffen, sondern auch der Mensch selbst.*

1996 ~ Verborgene Feuer und die Nahrungskette

L'an que Saturne et Mars égaux combust,
L'air fort séché longue trajection:
Par feux secrets d'ardeur grand lieu adust,
Peu pluie, vent chaud, guerres, incursions.
S4 67

„Im Jahr, in dem Saturn und Mars zugleich brennen, ist die Luft sehr trocken von einer langen Sternschnuppe (einem Meteor): in verborgenen Feuern verbrennt ein großer Platz durch die Sonnenglut, wenig Regen, warmer Wind, Kriege, Überfälle."

Hier gibt sich Freund Nostradamus besonders dramatisch und poetisch. „Im Jahr, in dem Saturn und Mars zugleich brennen ..." ist natürlich ein astrologischer Hinweis auf eine Konjunktion, die wahrscheinlich am 22. März 1996 das nächste Mal eintritt. Selbst ein ungeübter Deuter kann den Sinn der folgenden Verse ausmachen. Wir erfahren, daß in dieser Zeit die Luft äußerst trocken ist und ein großer Platz durch die Hitze der Sonne in Brand gerät. Zugleich fällt nur wenig Regen, ein warmer Wind weht, und eine Sternschnuppe beziehungsweise ein Meteor zieht auf einer langen Flugbahn vorüber.

Dieses Szenario stimmt genau mit Hypothesen aus den frühen neunziger Jahren überein, daß sich nämlich durch das Ozonloch die Sonneneinstrahlung auf die Erdoberfläche stärker auswirkt. Waldbrände kommen häufiger vor, und es ist gut möglich, daß mit dem „großen Platz", der 1996 durch die Sonnenhitze verbrennt, ein großer Waldbrand gemeint ist, der sich nicht unter Kontrolle bringen läßt. Es handelt sich um ein „verborgenes Feuer", damit kann gemeint sein, daß die Feuerwehr von dem Brand erst spät erfährt.

Da die Ozonschicht in der Atmosphäre an immer mehr Stellen dünner wird, könnte die Prophezeiung wahr werden. Die weiteren Folgen finden sich in einem anderen Vers, in dem ebenfalls Umweltprobleme zur Sprache kommen.

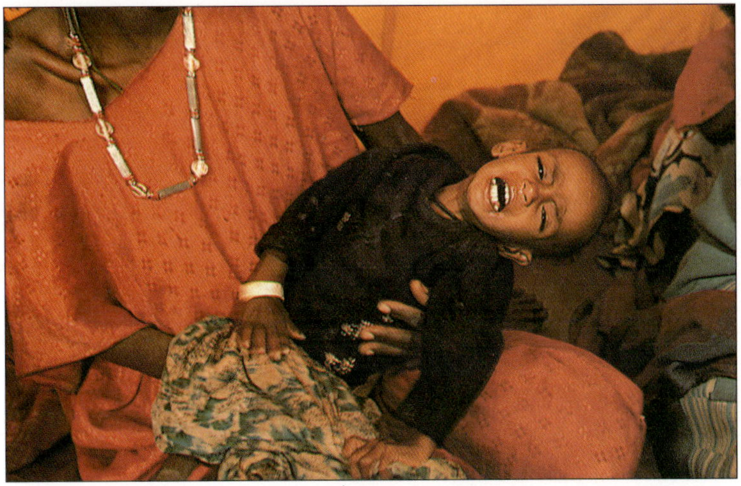

Si grande famine par onde pestifre,
Par pluie longue le long du pôle arctique:
Samarobryn cent lieues de l'hemisphére,
Vivront sans loi exempt de politique.
S6 5

„Gewaltige Hungersnot durch eine Pestwelle, durch langen Regen am arktischen Pol: Samarobryn einhundert Meilen von der Hemisphäre, sie werden ohne Gesetz leben, frei von Politik."

Oben ~ *Das äthiopische Flüchtlingslager Kabre Bayah beherbergt Tausende kranke und im Sterben liegende Kinder. Für Nostradamus waren solche Szenen Teil unserer Gegenwart und Zukunft. Kein Wunder, daß er uns eine düstere Zeit voller Schrecken prophezeite.*

Eine der jüngsten wissenschaftlichen Thesen entstand aus den neuen Problemen, vor die uns das Ozonloch stellt: es trifft eine stärkere ultraviolette Strahlung auf die Erdoberfläche auf, und das hat negative Folgen für die Nahrungskette. Je größer die Löcher in der Ozonschicht sind, desto stärker reagiert das Klima, und diese Reaktionen beeinflussen auch die Tierwelt.

Die Temperaturveränderungen aufgrund des Treibhauseffekts führen zu einer Klimaverschiebung und verändern schließlich die Umweltbedingungen im ganzen Land. Die großen Hungersnöte in Afrika sind die ersten Folgewirkungen, doch die Zukunft wird noch mehr Hunger bringen, wenn dieses Problem nicht gelöst wird.

Die Zeile „... Samarobryn einhundert Meilen von der Hemisphäre, sie werden ohne Gesetz leben, frei von Politik" führt uns in die Zeit, in der wir am stärksten unter den Auswirkungen der Klimaveränderungen leiden. „Samarobryn" oder auch „Samarobriva" war vor der Römerzeit der Name der französischen Stadt Amiens. Diese nördlich von Paris gelegene Stadt war zu Nostradamus' Zeit ein wichtiges Zentrum der französischen Textilproduktion.

In der Zeit, in der die Auswirkungen der „gewaltigen Hungersnot durch eine Pestwelle, durch langen Regen am arktischen Pol ..." auf der Welt am deutlichsten spürbar werden, wird offenbar Amiens in politische Wirren verstrickt sein.

Die Erde bebt

Künftig wird es häufiger Erdbeben geben als bisher. Mit den schwersten Erschütterungen ist in Kalifornien zu rechnen, Nostradamus gibt jedoch noch weitere Orte an, wo die Erde beben soll.

Le tremblement de terre à Mortara,
Cassich saint George à demi perfondrez,
Paix assoupie, la guerre esveillera,
Dans temple à Pasques abismes enfondrez.
S9 31

„Das Erdbeben in Mortara, Cassich saint George halb versunken, der Frieden erstarrt, Krieg bricht aus, im Tempel öffnet sich zu Ostern der Boden."

Dieser Vierzeiler wird meist dahingehend interpretiert, daß die flacheren Teile Englands im Meer versinken werden, wobei ein Zusammenhang mit einem Erdbeben in Italien bestehen soll. Diese Vorstellung wurde von einer Prophezeiung Edgar Cayces untermauert, in der diese Vorhersage wiederholt und das Jahr 2000 als Zeitpunkt ihres Eintreffens genannt wird. Mortara liegt in Italien, mehr als 1500 Kilometer von England entfernt, das vorhergesagte Erdbeben kann daher keine Überflutungen im Süden Englands bewirken. Das Wort „Cassich" ist völlig rätselhaft. In manchen Deutungen wird es auf das griechische Wort „Cassiterides" bezogen, mit dem Cornwall und die Scilly-Inseln vor der Südküste Englands gemeint sind, man spricht auch von den „tin islands", den Zinninseln. Eine beliebte Übersetzung und Deutung lautete daher: „Das Beben der Erde in Mortara und die Zinninsel St. George halb versunken ..." Wir neigen dazu, solche gängigen Nostradamus-Deutungen für bare Münze zu nehmen, und schon ist England unwiderruflich dazu verdammt, im Meer zu versinken! Es scheint fast, als würden wir uns das wünschen und der Weissagung

allein deshalb Glauben schenken. Es gibt jedoch noch eine andere Deutung, die auch die Tatsache berücksichtigt, daß es in diesen Breiten kaum Erdbeben gibt.

Die Insel St. George gehört zu den ältesten englischen Siedlungen der westlichen Hemisphäre, sie ist eine der nördlichen Bermuda-Inseln und trägt heute noch diesen Namen. Diese winzige Insel ist wesentlich stärker erdbebengefährdet als die Südküste Englands. Der Verweis auf „Cassich" ist zwar weiterhin rätselhaft, doch wenn die gängige Deutung stimmt, kann ein Zusammenhang zwischen den Scilly-Inseln südlich von England und der Insel St. George bestehen, die ja 50 Jahre nach Nostradamus' Tod unter britische Herrschaft gelangte.

An anderer Stelle wird ein Erdbeben zu einem konkreten Zeitpunkt vorausgesagt:

„Die Sonne zwanzig Grad im Stier, die Erde wird stark beben,
das große, volle Theater wird zerstört, Luft und Himmel verdüstert
und in Aufruhr, dann werden die Ungetreuen Gott und
die Heiligen anrufen."

Nostradamus glaubte, Erdbeben und andere Naturkatastrophen wären eine Vergeltung für gottloses Leben, und daß es noch mehr Katastrophen geben würde, wenn die Menschheit sich weiter von Gott entfernte.

Doch die Welt versucht zu helfen und bringt Hilfsgüter nach Äthiopien – zumindest ein Anfang.

In diesen Vierzeiler wurde viel hineininterpretiert. Die Erwähnung eines „Theaters" etwa wurde so gedeutet, daß das Erdbeben in Kalifornien auftritt, weil dort Hollywood liegt. Jeden 10. April steht die Sonne in 20° Stier, und 1992 kam es im April zu einem gewaltigen Ausbruch des Vulkans Ätna. Es stand zu befürchten, daß ihm der nahe gelegene Ort Taormina samt seinem berühmten griechischen Amphitheater zum Opfer fallen könnte. Die Prophezeiung ist also schon erfüllt, wenn auch das Amphitheater nicht „zerstört" wurde.

Ein anderer Vers beschreibt den Hurrikan, der im Jahr 1992 Florida bedrohte, mit geradezu unheimlicher Genauigkeit:

„Die große Stadt des Meer-Ozeans, umgeben von kristallenem Sumpf, wird zur Wintersonnenwende und im Frühling von schrecklichem Wind heimgesucht." (S9 48)

Vers 88 der sechsten *Siècles* lautet:

„Ein großes Königreich bleibt verlassen zurück, nahe dem Ebro werden sie sich versammeln. Die Pyrenäenberge werden Trost spenden, wenn im Mai die Länder erbeben."

Hier wird ein weiteres häufiges Thema der Vierzeiler angeschnitten. Offenbar wird die Erde nicht nur wiederholt durch Erdbeben erschüttert, es werden sogar ganze Städte entvölkert zurückbleiben, da ihre Bewohner fortziehen. Hier geht es konkret um den Fluß Ebro im nördlichen Spanien.

In einem anderen Vierzeiler heißt es:

„Das neue Reich verlassen, es wird durch den Nordpol gewandelt, von Sizilien kommt der Aufruhr und gefährdet das Unternehmen, das dem Philipp untersteht."

Die Gefährdung bezieht sich hier vielleicht auf die Revolution in Italien, die in Kapitel 4 besprochen wurde, wenn auch der Name Philipp bislang auf keine berühmte Persönlichkeit des 20. Jahrhunderts paßt.

USA
WHEAT

Die Welt verliert das Gleichgewicht

Als Gipfelpunkt der zunehmend schlimmeren Katastrophen, die die Nostradamus-Deuter auf Mutter Erde zukommen sehen, gilt die Verschiebung der Planetenachse, die in mehreren Vierzeilern vorhergesagt wird und wahrscheinlich Ende der neunziger Jahre oder kurz nach der Jahrtausendwende auftreten soll. Dafür gibt es zahlreiche Beispiele, wir beschränken uns hier auf zwei Stellen. Eine davon findet sich in Nostradamus' Brief an seinen König Heinrich II., die zweite Stelle ist einer der zahlreichen Verse, die sich mit den möglichen Folgen einer solchen Verschiebung befassen.

„Erderschütterndes Feuer aus der Mitte der Erde bewirkt ein Beben rund um die neue Stadt. Zwei große Felsen führen einen langen Krieg. Dann errötet Arethuse in einem neuen Fluß." (S1 87)

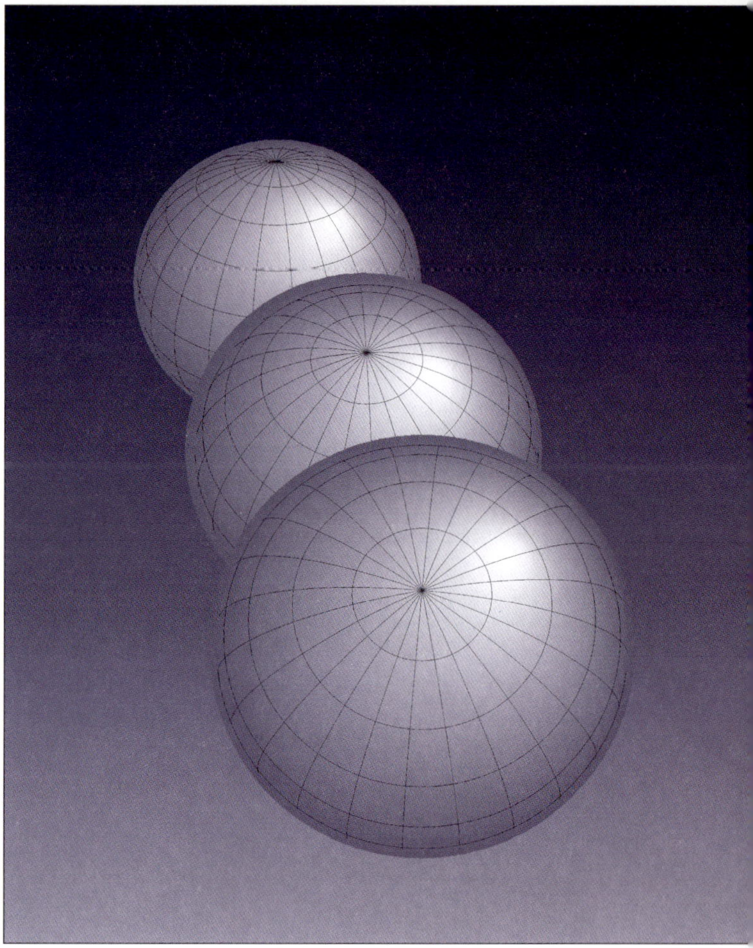

Die Annahme, daß sich die Erdachse verschieben wird, ist bekannt. Durch die globale Erwärmung könnten die Polkappen abschmelzen, in der Folge würde der Meeresspiegel steigen. Das Gleichgewicht von Wasser und Land ändert sich dann, die sich drehende Erde kippt leicht, die Erdachse verschiebt sich. Die Folge wären enorme Zerstörungen, wie damals vor Jahrmillionen, als die Dinosaurier ausstarben. Doch diesmal wäre die Menschheit betroffen. Und davor haben wir am meisten Angst.

Nun haben wir ohnehin viele Ängste und sehen immer Katastrophen auf uns zukommen, und wenn dann für die Jahrtausendwende vorausgesagt wird, daß alles in einen Abgrund stürzt, kann man diese beiden Prophezeiungen gut als Bestätigung dafür nehmen, daß die schlimmsten Befürchtungen wahr werden. Wir lesen hier von „erderschütterndem Feuer" und dem „Beben rund um die neue Stadt", dann von „zwei großen Felsen", die einen „langen Krieg" führen – das ist ein klarer Hinweis auf die Platten unter der Erdoberfläche, die sich aneinander schieben, wodurch schwere Erdbeben ausgelöst werden. Im Brief an Heinrich II. ist von einer „großen Verlagerung der Erde" die Rede, die wir aus unserer Endzeit-

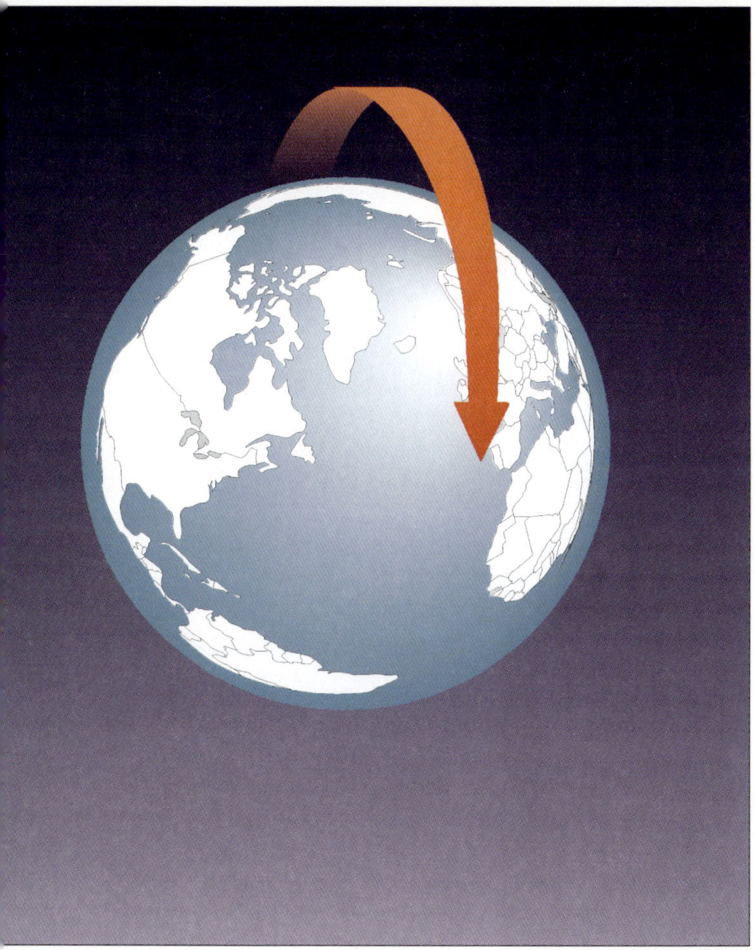

In Wahrheit wird es vielleicht weniger dramatisch kommen, und die angekündigten Veränderungen für den Menschen rund um die Jahrtausendwende spielen sich eher im Inneren ab. Es gibt zahlreiche astrologische Hinweise auf starke Veränderungen im „Wesen" – es kommt zu ungewöhnlichen Konstellationen, die in der Vergangenheit vorausgesagt wurden. Fest steht, daß das Ende des „zweiten Jahrtausends" einen äußerst dramatischen Umbruch in der Geschichte der Menschheit darstellt.

stimmung heraus als Verschiebung der Planetenachse der Erde deuten – als das Ende allen menschlichen Lebens. Das ist durchaus möglich: Wenn die Polkappen schmelzen, wird die Erde vielleicht „kopflastig" und schert aus ihrer normalen Bewegung aus.

Vielleicht ist die beschriebene Umwälzung aber auch nur der materielle Ausdruck eines Geschehens, das unsere Zukunft auch anderweitig stark beeinflussen wird.

Zunächst einmal wissen wir, daß es immer Erdbeben geben wird. Und genauso, wie Nostradamus dazu neigte, die Kriege des 20. Jahrhunderts als Massenvernichtung zu sehen, hat er wohl auch die Erdbeben als schrecklichste Erschütterungen bezeichnet – was sie auch sind. Aber ist diese „große Bewegung der Erde" wirklich nur ein Hinweis darauf, daß der Planet Erde ins Trudeln gerät? Könnte der große Umbruch nicht auch auf der Ebene des Bewußtseins stattfinden?

Wie in diesem Buch mehrfach gezeigt worden ist, steht vielleicht wirklich ein umfassender Wandel bevor, von dem so gut wie alles auf unserem Planeten erfaßt wird. Wir können davon ausgehen, daß eine neue Art der Religion auf uns zukommt, jahrtausendealte Glaubenssysteme werden dadurch verändert, und vielleicht gelingt es uns, Gott auf einer ganz persönlichen Ebene zu erfassen. Wir werden auch erleben, daß sich die politischen, wirtschaftlichen, sozialen und nationalen Grenzen um die Jahrtausendwende dramatisch verschieben. Daß Nostradamus solch einen globalen Umbruch voraussehen konnte, ist offensichtlich, doch vielleicht beschrieb er dabei auch die Menschheit und ihre Beziehung zu Mutter Erde.

Kapitel 7

Fast schon privat

Nostradamus wußte, daß sich im 21. Jahrhundert alles wandeln wird. Er sah voraus, daß sich die Rollenverteilung zwischen Mann und Frau verändert und vor allem die Frauen mehr Einfluß als je zuvor haben werden. Dafür ist es auch klar an der Zeit.

Viele Nostradamus-Verse wirken auf den ersten Blick völlig sinnlos. Früher gingen die Kommentatoren davon aus, daß diese Verse sich auf die Zukunft beziehen würden – daß von einer Generation zur nächsten die Bedeutung von immer mehr Versen entschlüsselt wird, weil sich die dazugehörigen Ereignisse einstellen – oder daß sie die Gedankensprünge eines Mannes zwischen Genie und Wahnsinn wiedergeben. Auf jeden Fall braucht man viel Intuition und Phantasie, damit man die Bedeutung der zukunftsbezogenen Verse verstehen kann. Man kann nur Vermutungen anstellen. Läßt man Phantasie und Intuition spielen, merkt man, daß manche Verse von Lebensbereichen handeln, die nichts mit großen Themen von weltweiter Bedeutung zu tun haben. Oft geht es eindeutig um persönlichere Fragen, fast schon Privatangelegenheiten. Einige dieser Themen werden im folgenden besprochen.

„Der Mond ist in tiefem Schatten verborgen, sein Bruder zieht in der Farbe des Rosts vorüber: die Größe ist lange Zeit hinter der Mondfinsternis verborgen, Eisen wird in der blutigen Wunde erkalten."

Der Mond im Schatten

Die Frauenbewegung erlebte Anfang des Jahrhunderts einen Aufschwung. In der Zeit davor waren die Frauen stark benachteiligt, weitgehend von Männern und einer von Männern geschaffenen Gesellschaftsordnung abhängig. Diese Situation veränderte sich nach den beiden Weltkriegen ganz wesentlich, aber die Entwicklung ist keineswegs abgeschlossen. Nostradamus beschreibt die Veränderungen klar und deutlich und sehr verständnisvoll.

Der Mond – der im vorigen Vers als Symbol für die Frau steht – ist jahrhundertelang überschattet. Zu Nostradamus' Zeit beschränkte sich die Aufgabe der Frau auf Ehe und Kindererziehung. Auch heute noch wird in vielen Ländern von den Frauen erwartet, daß sie sich mit Hausarbeit und Kindererziehung begnügen. Wollen Frauen zum Beispiel im Geschäftsleben aufsteigen, werden ihnen viel mehr Schwierigkeiten gemacht als Männern in derselben Situation, in den für die Karriere nützlichen Clubs oder Entscheidungsgremien sitzen praktisch nur Männer. Doch das wird sich ändern. „… sein Bruder zieht in der Farbe des Rosts vorüber." In diesem Satz zeigt sich Nostradamus' eigenwilliger Humor: der Mann wird Rost ansetzen, weil seine Macht abnimmt und der Einfluß der Frauen auf den Gang der Welt wächst. „… die Größe ist lange Zeit hinter der Mondfinsternis verborgen." Nostradamus setzt in dem ganzen Vers den Mond als poetisches Symbol für die Frau ein, hier beschreibt er die weibliche Macht, die von der Mondfinsternis verdeckt ist.

Und dann folgt der zentrale Satz: „… Eisen wird in der blutigen Wunde erkalten." Die Art der Macht, die von Männern geschaffen und aufrechterhalten wurde, nämlich die Macht der Waffen (des Eisens), wird in der blutigen Wunde der Frau (der Menstruation) abkühlen. Eine bessere Beschreibung für die veränderten Geschlechterrollen im 21. Jahrhundert läßt sich kaum finden. Vielleicht kann man den ganzen Fortschritt der Menschheit, wie Nostradamus ihn sieht und wie er in den vorherigen Kapiteln dargestellt wurde, den Weg heraus aus Chaos und Korruption und hin zum neuen, goldenen Zeitalter, in dem einen Satz zusammenfassen: „Tidira fer dans la plaie sanguine."

Größere Veränderungen brauchen Zeit: Im Jahr 2012 ist die Frauenbewegung rund 100 Jahre alt – sie begann mit den Suffragetten, ihre Ziele werden aber auch 2012 noch nicht zur Gänze erreicht sein.

VOTES FOR WOMEN
PUBLIC MEETING
BOW BATHS
MRS PANKHURST
200
STOP
MEN
VOTES FOR WOMEN
PUBLIC

Gekrönte Häupter und ihre Familie

Le Royal sceptre sera contraint de prendre,
Ce que ses predecesseurs avoient engaige:
Puis que l'aneau on fera mal entendre,
Lors qu'on viendra le palais saccager.
S7 23

„Das königliche Zepter wird akzeptieren müssen, wozu sich seine Vorgänger verpflichteten. Denn sie verstehen den Ring nicht, wenn sie kommen, um den Palast zu zerstören."

Die Familie ist der Teil der Gesellschaft, in dem es um die Jahrtausendwende zu den wesentlichsten Veränderungen kommt.

Die ersten Zeichen für „Aufruhr" in der Familie als heile Zufluchtstätte wurden sichtbar, als kurz nach dem Ersten Weltkrieg die Zahl der Scheidungen zunahm. In den sechziger und siebziger Jahren wurde bereits eine von drei Ehen geschieden, und die neueren Statistiken sind eigentlich nicht mehr sehr aussagekräftig, weil immer mehr Paare sich erst gar nicht die Mühe machen, zu heiraten.

Die jüngsten Skandale in der englischen Königsfamilie sind ein Beispiel dafür, wie unbefriedigend eine formale Eheschließung oft ist. Nostradamus wählte Charles und Diana als Beispiel dafür, wie sich das Leben im 20. Jahrhundert entwickelt.

Derzeit erlebt die Familie als Ort der Sicherheit wieder einen Aufschwung. Zuflucht und Geborgenheit zu finden, ist enorm wichtig geworden. Auch das ist ein Zeichen dafür, daß die bevorstehenden Veränderungen den Menschen ängstigen.

Abgesehen von dieser Furcht vor Veränderungen zeigt sich ein genereller Trend zu völlig neuen Rahmenbedingungen für das künftige

Die englische Königsfamilie wurde in den neunziger Jahren oft kritisiert und mußte mit einer Reihe von Problemen fertig werden. Viele Schwierigkeiten sind im Bereich Familie und ganz besonders in der Ehe angesiedelt.

Im Vierzeiler auf der gegenüberliegenden Seite gibt Nostradamus klare Hinweise auf die Zukunft. Hier war der Autor in einer eigenartigen Situation, da sich die Prophezeiungen während der Arbeit an diesem Buch erfüllten. In den zwei Monaten zwischen der Fertigstellung des Haupttextes und dem Einfügen der Bildunterschriften gaben Charles und Diana bekannt, daß sie sich trennen würden.

Familienleben. Der Pluto zeigt noch immer seine typische Eigenschaft, schädliche Einflüsse ans Tageslicht zu bringen, etwa Kindesmißbrauch, Vergewaltigung von Ehepartnern und andere tabuisierte Themen, dadurch werden tiefgreifende Veränderungen möglich. Als positive Folge lernt man daraus, daß es auch andere Arten der Kindererziehung gibt, die ein glücklicheres Leben ermöglichen.

Der Wassermann beeinflußt hauptsächlich den Bereich Freundschaft und Partnerschaft, der Bereich Körper und Sexualität steht erst an zweiter Stelle. Den Wassermann-Menschen geht es um die Welt des Denkens. Sie sind darin Plato ähnlich, dem zufolge es göttliche Ideen gibt, die sich in der Realität widerspiegeln. Dem Wassermann ist das Körperliche zwar wichtig, aber er sieht es als Idee und weniger als sinnliche Wirklichkeit. Sexualität ist wichtig, aber auch sie gehört in das Reich der Idee, Phantasie, Kommunikation, Erwartung, zur Vorstellung einer „gesunden" Sexualität und des Experimentierens. Diese Elemente sind wertvoller als die rein körperliche Erfahrung. Sexualität als „verbotenes" Element war im christlichen Zeitalter der Fische allgegenwärtig, in der Wassermannzeit ist das ganz anders. Alles soll klar und verständlich sein. Daher erscheinen immer mehr Sex-Ratgeber, man legt zum Beispiel auch mehr Wert auf Sexualerziehung, der ganze Bereich wird also wissenschaftlich-rational betrachtet. Diese typische Eigenschaft wirkt sich auch darauf aus, wie man im Zeitalter des Wassermanns mit Beziehungsfragen umgeht.

In der Wassermannzeit sind Partnerschaften auf Freundschaft aufgebaut, daher treten Eifersucht und Spannungen, wie sie bei sexuellen Beziehungen vorkommen, in den Hintergrund. Das heißt nicht, daß es keine sexuellen Beziehungen mehr geben wird, sie sind aber nicht mehr unbedingt der Grundpfeiler von Ehe und Familie. Im 21. Jahrhundert gibt es wahrscheinlich Alternativen zum heute typischen Weg von Bildung, Ehe, Hausstandsgründung, Familie und Sicherheit; immerhin weiß man ja, wohin er führt – nur zu oft ins Unglück. Im Fall der britischen Königsfamilie kommt noch der formale Zwang dazu, zu dem „sich seine Vorgänger verpflichteten".

Organisierte Gemeinschaften, wie etwa die Kibbuzim in Israel, gewinnen unter anderem in der Kindererziehung an Bedeutung. Vater und Mutter sind zwar die wichtigsten Bezugspersonen für das Baby, aber da sind auch viele Onkel und Tanten, Paten und Patinnen, die einspringen, wenn die Eltern gerade nicht da sind oder sich getrennt haben. Das Kind kann bei einer ganzen Reihe von Erwachsenen Zuwendung und Unterstützung finden. Dadurch kann es auch bei seiner Sicht der Welt einen weiteren Horizont gewinnen; im 20. Jahrhundert war es von den Ängsten und der Enge der Kleinfamilie geprägt.

Für den Wassermann sind Familienbande weniger wichtig als geistige Nähe. Die ganze Menschheit ist eine Familie, daher bedeutet Freundschaft oft mehr als die Tatsache, daß jemand zufällig Onkel oder Cousine, Mutter oder Sohn ist. Den Wassermann-Menschen wird oft Gefühlskälte im zwischenmenschlichen Bereich vorgeworfen; aber sie sind nicht kalt, es ist ihnen nur geistig-seelische Nähe wichtiger als konkrete Bindungen.

Viele der Veränderungen, die wir jetzt erleben, führen in diese Richtung.

Nostradamus sah diesen Weg in einer Reihe von Versen voraus. Einer davon deutet darauf hin, daß Prinz Charles den Wandel im Bereich Ehe und Familie am eigenen Leib erlebt und daher vielleicht Englands letzter Monarch ist.

„Denn sie verstehen den Ring nicht, wenn sie kommen, um den Palast zu zerstören."

Ein anderer Vers liefert die Bestätigung:

Pour ne vouloir consentir au divorce,
Qui puis aprés sera connu indigne:
Le Roi des Iles sera chassé par force,
Mis à son lieu qui de roi n'aura signe.
S10 22

„Weil er der Scheidung nicht zustimmen möchte, die dann hinterher als unwürdig erachtet wird, wird der König der Inseln mit Gewalt vertrieben, an seine Stelle wird einer treten, der kein Zeichen des Königs trägt."

Dieser Vers paßt praktisch nur auf die gegenwärtige Situation in England. Ähnliche Vorkommnisse gab es bei Charles I. und Charles II. sowie James II. und Edward VIII. (dem späteren Herzog von Windsor), der abdankte, um eine Amerikanerin heiraten zu können. Aber keiner der ersten drei Könige ließ sich scheiden, und Edward VIII. paßt auch nicht wirklich ins Bild.

Sollte Charles die Nachfolge als König antreten können, wird seine Herrschaft nur von kurzer Dauer sein – der nächste Thronfolger, sein Sohn, wird bald seinen Platz einnehmen. All das hat einen großen Einfluß auf die Einstellung der Menschen zu Ehe und Familie. Bis zum Ende des Jahrtausends sind weitere Veränderungen in diesem Lebensbereich zu erwarten.

☉ Sonne	♑ 9°55′ 5″	
☽ Mond	♓ 29° 4′53″	
☿ Merkur	♑ 16°36′34″	
♀ Venus	♑ 29°51′37″	
♂ Mars	♒ 8°27′59″	
♃ Jupiter	♍ 7°56′41″r	
♄ Saturn	♍ 16°49′41″r	
♅ Uranus	♐ 28°26′37″	
♆ Neptun	♉ 22°12′ 3″r	
♇ Pluto	♓ 3°52′12″	
☊ Mondknoten	♍ 19°25′51″	⚷ ♍ 25°33′39
AC: ♈ 22°16′45″	2: ♊ 0° 8′	3: ♊ 21°10′
MC: ♑ 8°41′46″	11: ♑ 27°55′	12: ♒ 26°3′

	☉	☽	☿	♀	♂	♃	♄	♅	♆	♇	☊
☽											
☿	☌	Q									
♀		✶									
♂	⚺			☌							
♃	△		△		⚻						
♄	△		△	Q		☌					
♅		□		⚺		△					
♆			△	△			△	bQ			
♇						☍		✶			
☊			△				☌		△		
AC			□	□	Q	Q	bQ	△	⚺		
MC	☌	□	☌		⚺	△	△		Q	✶	

	Kardinal-zeichen	feste Zeichen	bewegliche Zeichen
Feuer	AC		♅
Luft		♂	
Erde	☉ ☿ ♀ MC	♆	♃ ♄ ☊
Wasser			☽ ♇

ENGLAND (Krönung Wilhelms des Eroberers)

Datum: 25. Dezember 1066 ❖ Zeit: 12:00 ❖ Ort: London ❖ 0°10' westl. Länge ❖ 51°30' nördl. Breite ❖ MGZ: 12:00:40 ❖ Sternzeit: 18:37:53

Oben ~ *Portrait von Wilhelm dem Eroberer aus dem 13. Jahrhundert.*
Eines der typischen Probleme Englands im Bereich Ehe und Familie ist die lange viktorianische Tradition und daher eine sehr enge, wenig offene Sicht sexueller Beziehungen. Schwierig wird die Situation vor allem, wenn eine Beziehung scheitert.

Der arme Charles III. ist diesem Vierzeiler zufolge also der wahrscheinlichste Kandidat, bei dem sich diese gar nicht angenehme Prophezeiung erfüllen soll. Doch wenn man die astrologischen Vorzeichen für diese Zeit betrachtet, sind die Aussichten weniger dramatisch.

Das Geburtsbild Englands zeigt die Konstellation bei der Krönung Wilhelms des Eroberers im Jahr 1066. Die Sonne steht in 9° Steinbock und wird bis zum Jahr 2012 von keinem der schweren Planeten beeinflußt. Dann aber wandert der Pluto durch den Steinbock und erreicht die Geburtssonne. In einem zweiten Geburtshoroskop für die Gründung des Vereinigten Königreichs steht die Sonne in 10° Steinbock, also praktisch an derselben Stelle wie im Geburtsbild für England. In beiden Fällen nähert sich der Pluto im Jahr 2012 der Geburtssonne.

In einigen anderen Ländern kam es zu tiefgreifenden Veränderungen in der Art der Regierung, als der Transit-Pluto die Geburtssonne erreichte. Im Geburtsbild für die EWG (1. Januar 1958) steht die Sonne jedoch ebenfalls in 10° Steinbock, in Amerika ist die Geburtssonne in 13° Krebs auch nicht weit entfernt. Man muß daher nicht unbedingt mit Charles' Abdankung oder gar dem Ende der Monarchie rechnen; wahrscheinlicher ist das Entstehen einer Art Weltregierung, bei der die konstitutionelle Monarchie erhalten bleibt.

Auf jeden Fall sucht die Gesellschaft, die sich vor dem bevorstehenden Wandel schützen möchte, nach Sündenböcken für ihre konservative Haltung. Die Medien haben ihre höchst traditionelle Einstellung bereits unter Beweis gestellt, als sie Charles und Diana 1992 unbarmherzig verfolgten. Wenn Charles den Thron besteigt, bedeutet das keineswegs das Ende seiner Probleme als Vertreter der jüngeren Generation, der die alten Werte übergestülpt werden. Dann ist er der König, und man erwartet von ihm ein betont traditionelles Auftreten, was ihm letztlich nicht nur aufgrund seiner familiären Situation schwerfallen wird.

In den nächsten zwei Vierzeilern ist die weitere Entwicklung zu erkennen, wobei einer davon einen allgemeinen Überblick liefert.

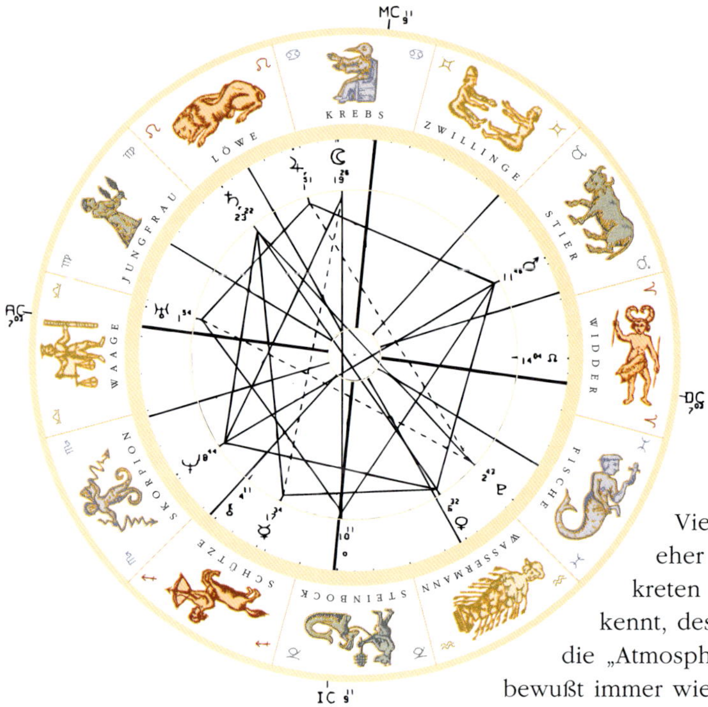

VEREINIGTES KÖNIGREICH
Datum: 1. Januar 1801 ⬩ Zeit: 0:00
Ort: London
0°10' westl. Länge ⬩ 51°30' östl. Breite
MGZ: 0:00 ⬩ Sternzeit: 6:39:59

Wie die zwei Geburtshoroskope für England zeigen, wird der Einfluß des Transit-Pluto, unseres verläßlichen „Reinigungs- und Entgiftungsplaneten", erst 2012 wirksam. Die Schwierigkeiten in Zusammenhang mit der Regierung, der Königsfamilie und vor allem Prinz Charles sind einige Zeit zu spüren. Charles wird zwar in der nächsten Zukunft nicht abdanken müssen, aber das englische Herrscherhaus ist von den gewaltigen Veränderungen für die Regierungen auf der ganzen Welt betroffen.

Le changement sera fort difficile:
Cite, province au change gain fera:
Coeur haut, prudent mis, chasse lui habile,
Mer, terre, peuple son etat changera.
S4 21

„Die Veränderung wird sehr schwierig sein: Stadt, Provinz werden durch die Veränderung gewinnen: mit frohem Herzen, mit Bedacht, durch Geschick verjagt, Himmel, Meer, Land, Menschen werden ihren Zustand ändern."

Viele der 965 Verse in den *Siècles* sind wie dieser – eher vage gehalten und ohne Hinweis auf einen konkreten Zeitpunkt oder Ort. Je besser man die Vierzeiler kennt, desto deutlicher zeigt sich als wesentlichster Faktor die „Atmosphäre" dieser Verse; Nostradamus streute sie ganz bewußt immer wieder ein, um allgemein auf wichtige Veränderungen in der Natur des Menschen zu verweisen.

Die wichtigste Zeile dieses Verses ist „... mit frohem Herzen, mit Bedacht ..." Wieder verweist Nostradamus auf eine Entwicklungsphase, in der es schwierig ist, sich auf Veränderungen einzustellen, aber dennoch ist der Mensch von ganzem Herzen dabei, und die Veränderungen sind insgesamt positiv. Auf das ausgehende Jahrhundert trifft das kaum zu, vielleicht aber auf den Anfang des nächsten.

Der andere Vierzeiler, der in diesem Zusammenhang wichtig ist, enthält eine geraffte Beschreibung derselben Veränderungen im Ehe- und Familienleben.

Quand l'adultere blesse sans coup aura
Meurtri la femme et la fils par depit:
Femme assommee l'enfant etranglera:
Huit captifs pris, s'etouffer sans repit.
S8 63

„Wenn der Ehebrecher ohne Schlag verwundet, seine Frau und den Sohn durch Enttäuschung ermordet: die Frau niedergeschlagen, wird er das Kind erdrosseln: Acht Gefangene genommen, um ohne Gnade zu ersticken."

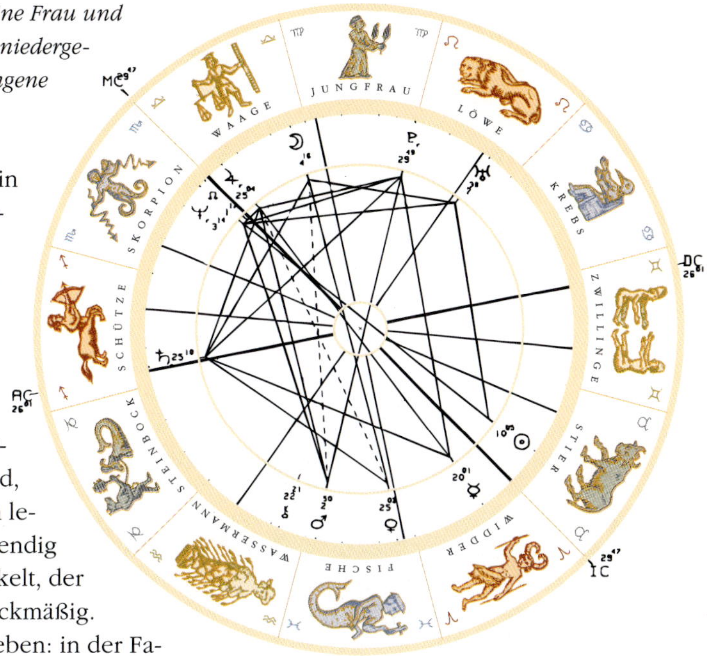

In den meisten Deutungen wird untersucht, ob ein solcher Vierzeiler zu einer Abfolge bestimmter Ereignisse paßt. Korrekter ist es aber, ihn als eine Art Beschreibung des Zustandes der Menschen in der Zukunft zu deuten. Das paßt auch zu anderen, ähnlich gestalteten Versen Nostradamus', die astrologischen und gesellschaftlichen Rahmenbedingungen stimmen ebenfalls.

Die Ehe als heiliger Stand (oder als Stand überhaupt) ist ins Zwielicht geraten, sie gilt als Zustand, in dem Menschen noch immer unter Bedingungen leben sollen, die vor Jahrhunderten vielleicht notwendig waren. Aber die Menschheit hat sich weiterentwickelt, der Käfig der Ehe ist jetzt weder notwendig noch zweckmäßig.

In dem Vers wird eine Extremsituation beschrieben: in der Familie ist praktisch alles schiefgelaufen. „Wenn der Ehebrecher ohne Schlag verwundet ..." Hier ist jemandem eine seelische Wunde zugefügt worden, er erlitt einen Schlag im übertragenen Sinn. „... seine Frau und den Sohn durch Enttäuschung ermordet ..." Im selben Tonfall wie bei der „Verwundung ohne Schlag" schreibt er nun von einem Mord, der nur innerhalb der Familie stattfinden kann, nämlich von einem „Seelenmord": Frau und Kind sind in einem Netz aus Eifersucht, Angst und Abhängigkeit gefangen. „Die Frau niedergeschlagen, wird er das Kind erdrosseln ..." Auch hier findet sich eine genaue Beschreibung der Unterdrückung in der Familie, wie sie in der modernen Gesellschaft immer wieder zu sehen ist, wenn die „Kernfamilie" vom Ort der Sicherheit zum Ort der unerträglichen Enge wird. Immer wieder wird in Therapien versucht, die Familienstruktur zu erhalten, auch wenn es oft besser wäre, herauszufinden, was daran schuld ist, daß die Betroffenen überhaupt in diese schwierige Lage geraten sind.

Und in der letzten Zeile beschreibt er ein konkretes Ereignis, das uns einen Hinweis darauf gibt, wann diese Prophezeiung eintreten soll. „Acht Gefangene genommen, um ohne Gnade zu ersticken."

EUROPÄISCHE WIRTSCHAFTSGEMEISCHAFT
Datum: 1. Mai 1958 ❖ Zeit: 0:00
Ort: Brüssel, Belgien
4°20' östl. Länge ❖ 50°50' nördl. Breite
MGZ: 23:00 ❖ Sternzeit: 13:50:50

Offenbar ist Charles König von England, wenn erstmals eine Art Weltregierung entsteht.
Wie an anderer Stelle ausgeführt wurde, rechnet Nostradamus damit, daß die EU, die UNO und die USA im 21. Jahrhundert den Gang der Weltpolitik stark prägen werden.

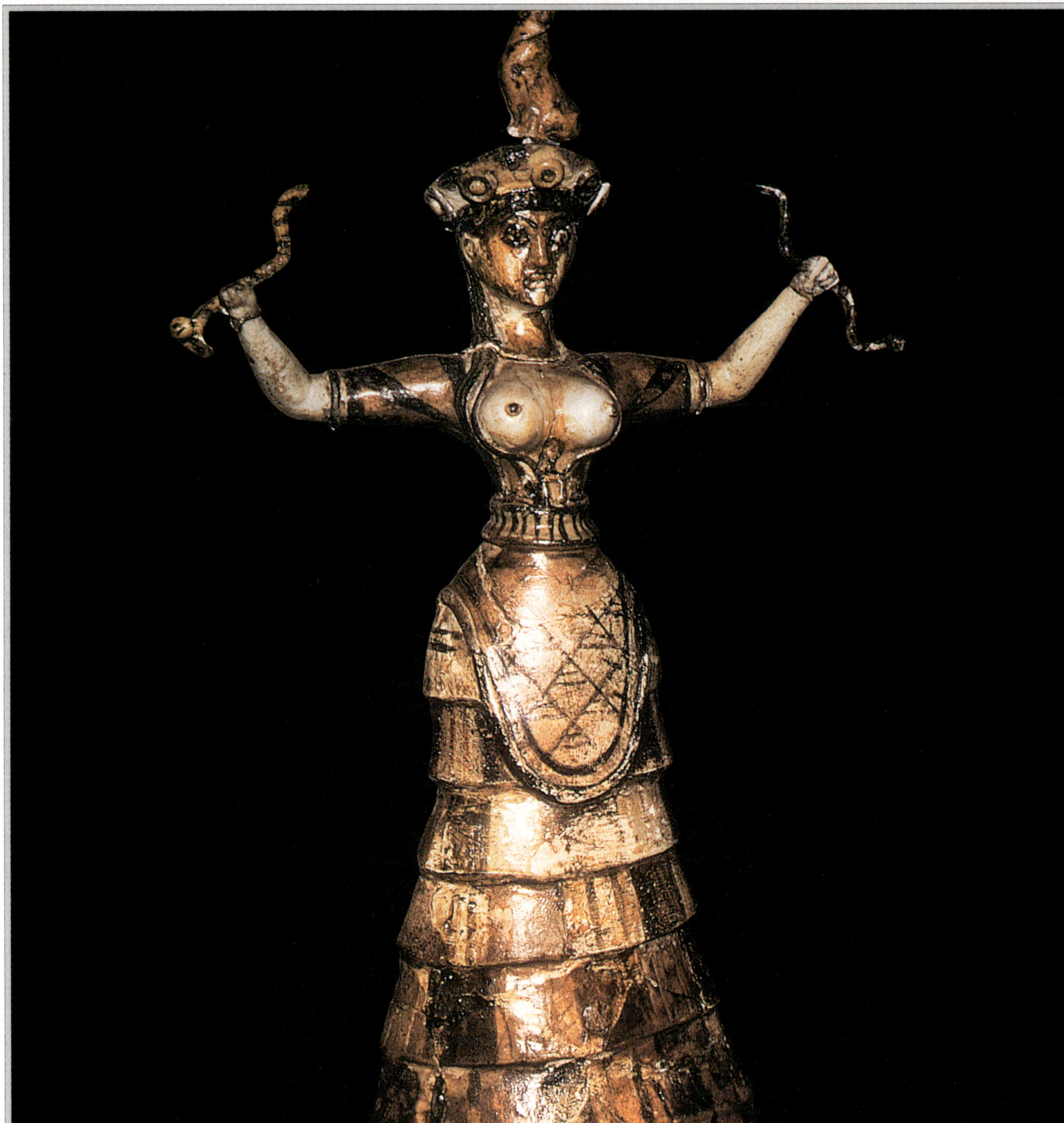

Das Herz des Geliebten

Coeur de l'amant ouvert d'amour furtive
Dans le ruisseau fera ravir la Dame:
Le demi mal contrefera lascive,
Le pére à deux privera corps de l'âme.
S8 25

„Das Herz des Geliebten öffnet sich heimlicher Liebe, die Frau von einem (Tränen-)Strom hinweggerissen, die Lüsternen werden halben Schmerz mimen, der Vater wird zweimal ohne die Seele sein."

Es hat sich schon wiederholte Male gezeigt, daß Nostradamus' poetische Ausdrucksweise in Verbindung mit einer „diskreten Verschlüsselung" in der Übersetzung wirklich verwirrend wirkt. Aber schon auf den ersten Blick läßt sich ein Sinn erkennen, wenn man auf die Stimme des Gefühls hört. Der Prophet spricht von Veränderungen in der Einstellung zu Liebe und Sexualität.

Die zentrale Frage der Sexualität durchdringt jeden Bereich der Gesellschaft, im 20. Jahrhundert hat sie wohl einen stärkeren Wandel als in jedem anderen Zeitalter zuvor durchgemacht. Das Aufkommen des Feminismus und die verstärkte Einbeziehung der weiblichen Sichtweisen ist in allen Lebensbereichen spürbar. Es hat sich deutlich gezeigt, daß das sexuelle Wohlbefinden von großer Wichtigkeit ist und Sex nicht einfach als notwendiges Übel oder als ein Akt in Reinheit zum Zweck des Fortbestands der Menschheit abgetan werden kann. Zufriedenheit im sexuellen Bereich, sowohl mit sich selbst als auch mit anderen, gehört wesentlich zur körperlichen Gesundheit, und seit man das weiß, sind viele Tabus gefallen.

Zu Nostradamus' Zeit gehörte Selbsterfahrung nicht so zum Leben wie heute. Wie bereits besprochen, hatte im Zeitalter der Fische kaum

Zum ersten Mal seit Jahrtausenden entsteht neues Interesse an der Göttin und ihren Möglichkeiten, die Vorherrschaft des Mannes in den letzten Jahrtausenden zu brechen.
Oben *~ Die Venus von Lespugue, entstanden rund 25 000 v. Chr., zeigt die Göttin als Schöpferin, die schon vor dem männlichen Schöpfergott da war.*
Links *~ Die minoische Schlangengöttin im griechischen Knossos (entstanden ca. 1800 v. Chr.). Sie gilt als Symbol für Sinnlichkeit und Fruchtbarkeit.*

jemand genug Spielraum, um die eigene Individualität zu leben, aber seit dem Anbruch der Wassermannzeit haben die Erforschung des Innenlebens und die Selbsterkenntnis enorme Bedeutung erlangt.

In diesem Vers wird Nostradamus so deutlich, wie man unter den Bedingungen des 16. Jahrhunderts, in der Renaissance, werden konnte. In der ersten Zeile schildert er zunächst die Ausgangsbasis.

„Das Herz des Geliebten öffnet sich heimlicher Liebe ..."

In der Vergangenheit mußte Liebe (Sexualität) oft unterdrückt werden und kam nur in einer im weitesten Sinn „pornographischen" Atmosphäre zum Ausdruck. Unser Herangehen an die Sexualität ist von Unsicherheit und tief verwurzelten Verhaltensmustern geprägt. Viele Eltern neigen noch immer dazu, dem direkten Gespräch über das Sexualverhalten auszuweichen, weil sie selbst nicht recht wissen, wie sie damit umgehen sollen. In der Schule gilt Sexualerziehung nach wie vor als etwas leicht Anrüchiges, die Kinder gehen noch verwirrter daraus hervor. Wie die neuesten Erkenntnisse der Psychoanalyse, Psychiatrie und Sexualtherapie zeigen, gelangen die Kinder aufgrund der ungünstigen Rahmenbedingungen in der Schule und im Elternhaus von der Mutterliebe viel zu rasch zur Wollust der Gesellschaft, weil sie von den falschen Menschen unter den falschen Bedingungen „erzogen" werden. Internatsschulen mit Geschlechtertrennung (vor allem in England häufig) sind das deutlichste Negativbeispiel für diese Situation (auch wenn es den Verantwortlichen oft nicht bewußt ist); denn – vor allem männliche – Jugendliche erziehen einander oft zu einer Art der Sexualität, die sich später katastrophal auswirken kann. Sex bleibt oft „heimlich", pornographisch und im wesentlichen unnatürlich, und der Mann verbringt vielleicht viele – oder gar alle – Jahre des Erwachsenenlebens damit, die Ursachen für seine sexuelle Unzufriedenheit zu suchen und umzulernen, damit er wenigstens in einem Teil des Lebens zu einer Beziehung in Freiheit und Ungezwungenheit finden kann. Und weil die Sexualität so eng mit der Gefühlswelt verbunden ist, kann ein schwer gestörter Mensch entstehen, der nicht zum Ausdruck seiner selbst findet. Das wirkt sich auf seine Arbeitswelt, seine Freizeit und natürlich auf die Nachkommen aus.

Nostradamus schreibt weiter, wie die sexuelle Unterdrückung sich auf andere, vor allem Frauen, auswirkt: „... die Frau von einem (Tränen-)Strom hinweggerissen ...“. Das französische Wort „ruisseau“ bedeutet wörtlich Bach oder Strom. Fügt man die Worte „de larmes“ hinzu, ist es ein Tränenstrom. Nostradamus faßte sich aus poetischen Erwägungen oft kurz und überließ die richtige Ergänzung der Verse anderen. Hier schreibt er davon, wie Frauen unter der unerträglich engen, männlich geprägten Einstellung der Gesellschaft zur sexuellen Freiheit zu leiden haben.

„Die Lüsternen werden halben Schmerz mimen ...“

Hier drückt er sich besonders geschickt aus. Er beschreibt die Reaktion derjenigen, die für die puritanische Einstellung zur Sexualität verantwortlich sind. Die „Lüsternen“ wollen, daß alles so bleibt, wie es ist, und daß als vorherrschende Meinung weiterhin gilt, daß man den Lebensbereich Sexualität verborgen halten muß, und bringen ihm halbherzige moralische Entrüstung entgegen.

Die letzte Zeile ist besonders rätselhaft: „... der Vater wird zweimal ohne die Seele sein.“

Vor allem die Rolle des Vaters gab oft Anlaß zu Schwierigkeiten zwischen Vater und Kindern. Wie schon die vorigen Deutungen zeigten, weisen die astrologischen Anzeichen darauf hin, daß im Zeitalter des Wassermanns das Leben in der Gemeinschaft an Bedeutung gewinnt oder daß sich zumindest die Familienstruktur von der Enge der Kernfamilie weg entwickelt. Unter diesen Bedingungen entwickelt sich auch eine offenere Vater„seele“. Es könnte sogar sein, daß die Kinder die Liebe vieler „Onkel“ (Freunde) und nicht nur eines Vaters erfahren und die Verantwortung für die Erziehung auch in Fragen der Liebe und Sexualität dadurch viel reifer und gelöster ist.

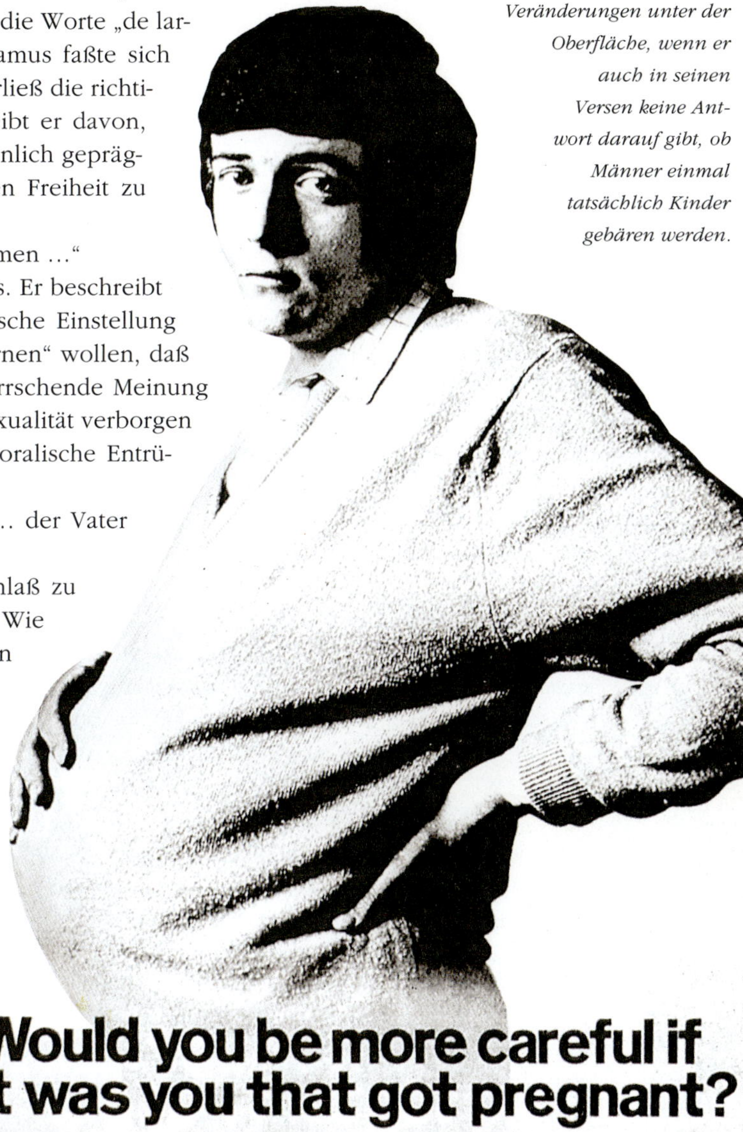

Die Einstellungen werden liberaler, die Haltung der Männer wird flexibler – das führt zu gereiften, fortschrittlicheren Erfahrungsprozessen. Nostradamus bemerkte diese kaum wahrnehmbaren Veränderungen unter der Oberfläche, wenn er auch in seinen Versen keine Antwort darauf gibt, ob Männer einmal tatsächlich Kinder gebären werden.

Kapitel 8

Es muss nicht alles todernst sein

Wie wir inzwischen wissen, befaßte sich Nostradamus nicht nur mit großen Umwälzungen, Kriegen, politischen Katastrophen und gewaltigen Erdbeben – wenngleich solche Vorkommnisse im Mittelpunkt seines Zukunftsbildes standen, schließlich ragen sie ja quasi aus dem Strom der Ereignisse auf unserem Planeten heraus.

Nostradamus widmete sich auch der weniger ernsten Seite des Lebens und individuellen Themen; in diesem Kapitel werden daher zwei kurze Beispiele für Nostradamus' diesbezügliches Interesse an unserer Zeit behandelt. Damit soll am Ende des Buches auch ein gewisser Ausgleich zu den oft beunruhigenden Weissagungen des Propheten geschaffen werden.

Am Anfang steht eine beeindruckende, häufig beschriebene Schatzsuche.

„Die Bilder von Gold und Silber aufgebläht, die nach
der Schändung ins Feuer geworfen wurden, bei der Entdeckung
getrübt und verschwommen, auf den Marmorinschriften sind
Anordnungen eingefügt.

Bei der vierten Säule, wo dem Saturn geopfert wird, durch
Erdbeben und Überflutung gespalten: unter dem Saturnin-
Gebäude wird eine Urne gefunden mit dem Gold, das von Cäpio
weggetragen und dann zurückgegeben wurde.

In Toulouse unweit von Beluzer gräbt man eine tiefe Grube,
Palast des Schauspiels: der gefundene Schatz wird jedem ein
Rätsel sein, und alles an zwei Orten nahe Basacle."

Les simulacres d'or et d'argent enfles,
Qu'apres le rapt au feu furent jetes,
Au decouvert etients tous et troubles,
Au marbre ecrits, prescits interjetes.

Au quart pilier l'on sacre a Saturne,
Par tremblant terre et deluge fendu:
Sous l'edifice Saturnin trouvee urne,
D'or Capion ravi et puis rendu.

Dedans Tholouse non loin de Beluzer,
Faisant un puits loins, palais de spectacle:
Tresor trouve un chacun ira vexer,
Et en deux locs tout et pres delvasacle.
S8 28, 29, 30

Der Himmel ist aus der Mode gekommen, wichtig sind Ende des 20. Jahrhunderts vielmehr persönliche geistige Erfahrung und Gott in uns.
Im 21. Jahrhundert wird Gott dann eine ganz andere Bedeutung haben.
***Oben** ~ Das Orakel von Delphi in Toulouse, wo Nostradamus zufolge ein riesiger Goldschatz vergraben ist. Ende der neunziger Jahre sollen demnach Schatzsucher zu graben beginnen und den Hinweisen folgen, die der Prophet uns übermittelte.*

Die Schatzsuche

Die meisten Deuter sind sich darin einig, daß diese Vierzeiler eine äußerst interessante Versfolge in Nostradamus' Werk darstellen. Zum besseren Verständnis der Schatzsuche muß man den geschichtlichen Hintergrund und die dazugehörigen Legenden kennen, also den Ursprung dieses Schatzes.

Im vierten und dritten Jahrhundert v. Chr. führten die Gallier (Franzosen) einen verheerenden Krieg. 390 v. Chr. plünderten sie Rom, damals das kulturelle Zentrum der westlichen Welt. 279 v. Chr. drangen sie nach Griechenland ein und gelangten von dort nach Asien. Fast ein halbes Jahrhundert lang überzogen sie diese Region mit Kampf und Greueltaten und ließen sich schließlich in Galatien nieder. Die Bewohner von Toulouse sehen die Sache ein wenig anders, denn in ihren Legenden heißt es, die „Volcae-Tectosages" von Toulouse hätten diesen unvorstellbaren Krieg geführt, der die damalige Welt erschütterte, und seien dann mit ihrer Kriegsbeute und reichen Schätzen von den zwei Zentren der klassischen Welt heimgekehrt.

In den örtlichen Legenden (wenn auch nicht in den Geschichtsbüchern) heißt es auch, daß auf diesen Beutezügen das Orakel von Delphi, diese hoch geschätzte, geheiligte Stätte der Macht, schwer beschädigt wurde. Bei der Rückkehr der Krieger brach als Vergeltung für die schändliche Tat rund um Toulouse eine schlimme Pestseuche aus; das wird vom örtlichen Orakel bestätigt, das als eine Art „Zweigstelle" des Orakels von Delphi diente – zumindest wird es so erzählt.

Durch das örtliche Orakel war zu erfahren, daß die Pest erst ein Ende finden würde, wenn alle geraubten Schätze in einem heiligen See versenkt würden. Wo dieser See liegt, wurde nicht überliefert. Heute glauben viele Wissenschaftler, der heilige See könnte einfach ein Loch im Boden sein, was sich aber bislang nicht beweisen ließ.

Den geschichtlichen Quellen zufolge verfügte die Stadt Toulouse über eine große Menge Gold. Vielleicht stammt der Reichtum aus den Einkünften durch den Bergbau in den Pyrenäen, vielleicht wurde der

Der Pestdämon – dieser Stich aus dem Jahr 1540 zeigt eine bildliche Darstellung der schrecklichen Heimsuchung durch die Krankheit, die über ihren möglichen Opfern schwebt. In Toulouse war sie die Vergeltung für die Beteiligung am Raub des Goldes von Delphi.

Schatz aber auch nicht zur Gänze im heiligen See versenkt. Man weiß es nicht – noch nicht.

Als das germanische Volk der Kimbern in Gallien einfiel, lösten die Volcae-Tectosages das Bündnis mit Rom und stellten sich auf die Seite der Angreifer. Der römische Konsul Cäpio, der in den Kampf gegen die Kimbern gesandt worden war, nützte 106 v. Chr. die Gelegenheit zur Plünderung von Toulouse. Die Kimbern fügten der römischen Armee unter Cäpio die schwerste Niederlage in der Geschichte des Römerreichs zu. Das erbeutete Gold aus Toulouse gelangte nie nach Rom.

Nostradamus bezieht sich offensichtlich auf die Legende, daß der gestohlene Schatz unter der Kirche Saint Saturnin-du-Taur vergraben wurde („… unter dem Saturnin-Gebäude wird eine Urne gefunden …“). Die Kirche wurde über einem „heiligen See“ errichtet. Auch in Geschichtswerken über dieses Gebiet wird von der Annahme berichtet, daß der Schatz vielleicht noch unter der Kirche liegt.

Nostradamus schreibt, daß dieser Schatz gefunden wird. Vielleicht entdeckt ihn ein unternehmungslustiger Leser seiner Vierzeiler.

Die erste Zeile des ersten Verses gibt einen Hinweis auf eine genaue Ortsangabe für die Schatzsuche. In der vierten Zeile vermengt Nostradamus aber geschichtliche Fakten und Legende.

Der Name „Bazacle“ bezeichnet ein Schloß in der Nähe von Toulouse; auch der Stadtteil, in dem früher viele Mühlen standen, trägt diesen Namen.

In den drei Versen finden sich zwei Gründe dafür, warum der Schatz gefunden wird. Erstens schreibt Nostradamus, daß zuvor die Erde bebt, und dann führt er aus, daß bei Grabungsarbeiten der Schatz entdeckt wird. Die dritte Zeile des dritten Verses deutet auf eine natürliche Entdeckung hin. Das Schloß Bazacle und die Kirche Saint Saturnin sind nur ein paar hundert Meter voneinander entfernt. Der Schatz kann irgendwo in diesem Bereich vergraben sein.

Schatzsucher, die diese Deutung der Weissagung als Hilfsmittel benutzen, sollten jedenfalls mit viel Gespür an die Angaben in den Versen herangehen!

Können Delphine sprechen?

Quand l'animal à l'homme domestique
Aprés grands peines et sauts viendra parler:
Le foudre à vierge sera si maléfique,
De terre prise et suspendue en l'air.

„Wenn das vom Menschen gezähmte Tier nach großen Schmerzen und Sprüngen zu sprechen beginnt: der Blitz (die Sonne) wird der Jungfrau schaden, von der Erde genommen und in der Luft schweben."

Auf den ersten Blick hat dieser Vierzeiler gute Aussichten auf den ersten Preis für wirre Rede. Nostradamus schreibt über ein Tier, das der Mensch gezähmt hat: einen Hund, eine Katze, ein Pferd? Aber dann führt er genauer aus, daß das Tier große Schmerzen und Sprünge hinter sich hat, bevor es zu sprechen beginnt. Es ist unwahrscheinlich, daß Katzen sprechen. An Hunden wurde zwar getestet, inwieweit sie durch eine bestimmte Art des Bellens Antworten geben können; andererseits sind Sprünge nicht typisch für das Verhalten von Hunden. Zu anderen Tieren passen die beschriebenen Merkmale viel besser, nämlich zu Affen, die den anderen Tieren auch deutlich an Intelligenz überlegen sind – mit Ausnahme der Delphine.

Diese sind freundliche Lebewesen, die wie kein anderes Tier auf Aufforderungen und Befehle reagieren. Sie machen Sprünge; und im Unterschied zu anderen Lebewesen im Meer sind sie Säugetiere, der Begriff „animal" paßt daher für diese vom Menschen gezähmten Wesen. Die Wörter „Blitz" und „Jungfrau" sind astrologische Hinweise auf den Zeitpunkt, zu dem sich das Verhältnis zwischen Tier und Mensch wandelt. In anderen Deutungen wird der Blitz als Elektrizität gedeutet, vor allem wegen der letzten Zeile, „... von der Erde genommen und in der Luft schweben". Man kann daraus schließen, daß unsere Beziehung zu Tieren in Zukunft von größerem Verständnis geprägt sein wird.

Delphine spielten in der Geschichte der Beziehung zwischen Mensch und Tier lange eine wichtige Rolle.
Oben *~ Delphinfresko in Knossos auf Kreta. Auch heute kann der Mensch anscheinend viel von anderen Säugetieren lernen.*

Nachwort

Der folgende Text ist eine auszugsweise Übersetzung von Nostradamus' Vorwort an seinen Sohn César.

„Die Ereignisse menschlichen Ursprungs sind ungewiß, aber alles unterliegt der Ordnung und Herrschaft der unbegreiflichen Macht Gottes, weder Zorn noch heftige Regung führen zu Eingebungen, sondern der Einfluß der Gestirne. Nur durch göttliche Eingebung kann man bestimmte Ereignisse im Geiste der Prophetie weissagen. Lange Zeit sagte ich viele Ereignisse voraus, die weit in der Zukunft lagen und nun genau am prophezeiten Ort eingetreten sind. Ich schreibe das der Macht Gottes und der Eingebung zu. Ganz bestimmte Geschehnisse, seien sie froher oder trauriger Natur, zeigten sich im ‚Klima' der Welt immer deutlicher: Aber weil nicht nur in der Gegenwart, sondern auch oft in der Zukunft Schaden entstehen kann, beschloß ich zu schweigen und sie nicht niederzuschreiben. Denn Herrschaft, Sekten und Religionen werden sich auf so gegensätzliche Weise wandeln, daß, sollte ich enthüllen, was die Zukunft bringt, die Mächtigen dieser Herrschaft, Sekten, Religionen und Glaubenslehren dies als ganz und gar nicht im Einklang mit dem, was sie erträumt, erkennen und somit verdammen würden, was sich künftigen Jahrhunderten als Wissen und Wahrheit darstellt. Wie der wahre Erlöser sagte: ‚Gebt das Heilige nicht den Hunden und werft eure Perlen nicht den Schweinen vor, denn sie könnten sie mit ihren Füßen zertreten und sich umwenden und euch zerreißen.' Das ist der Grund, weshalb ich meine Lippen vor dem Volk versiegle und meine Feder nicht über das Papier führe. Später beschloß ich wegen des ‚gemeinen Kommenden' (Leoni) nachzugeben und in unklaren, verwirrenden Sätzen von den Ursachen für die künftigen Wandlungen der Menschheit zu berichten, vor allem von den dringlichsten und denen, die ich sah, und auf eine Weise, auf die ich das Zartgefühl nicht verletze. All das mußte ich in vernebelten Worten niederschreiben, mehr als jeder andere Prophet …

Aber jetzt oder in der Zukunft kann es Menschen geben, denen der Schöpfergott Bilder und Gedanken eingibt, durch die im Einklang mit der judiciellen Astrologie die Geheimnisse der Zukunft enthüllt werden. Diese Menschen werden, wie in früheren Zeiten, von einer besonderen Macht und Gabe wie von einer Flamme erfaßt, so daß sie über menschliche und göttliche Eingebungen zu urteilen wissen. … Denn dadurch und mit göttlicher Eingebung und Offenbarung, durch ständige Wachsamkeit und Berechnungen konnten wir die Prophezeiungen schriftlich niederlegen.

Aber ganz besonders will ich dich auf das Wissen hinweisen, das ich durch die Berechnung des Himmels erlangt habe. Dadurch gewinnt man Kenntnis künftiger Geschehnisse und kann zugleich jegliche Einbildung beiseite schieben. Durch göttliche und übersinnliche Eingebung und ergänzt durch astrologische Berechnungen kann man Ort und Zeit genau erkennen, durch göttliche Gabe, Macht und Fähigkeit dieses geheime Wissen erlangen. Auf diese Weise fließen Vergangenheit, Gegenwart und Zukunft in der Ewigkeit zusammen: daher liegt alles unverhüllt offen."

Bildnachweis

Fotos, Horoskope und Illustrationen:

Greenpeace: *Hodson* 44; *Vennemann* 64.
Leslie Jean-Bart Photography: 118, 158.
James Davis Travel Photography: 177, 221.
Colorific: 140; *Charlie Cole/Picture Group* 81; *Seth Joel/Wheeler* 93; *Dennis Brack/Black Star* 110, 120; *Richard Derk 6/87 Picture Group* 124; *Evelyn Atwood/1990 Contact press Images* 113; *J B Pictures/Susan Spann, USA* 115; *Tom Sobolik/Black Star* 122; *Lawrence Manning* 147; *Jose Vicente/Resino R/Black Star* 168.
Images: 15, 16, 23, 24, 27, 32, 33, 35; *Coll.Chas Walker* 10; *Stuart Kaplan/US Games Inc NY* 135; *aus Sphera Bib. Etensa, Modena* 176.
Ancient Art & Architecture Collection: *Ronald Sheridan* 9, 14, 18, 28, 36, 45, 68, 82, 96, 212, 217, 218, 220.
Mary Evans: 55, 71, 79, 143, 161; *Explorer/ADPC* 13; *Paul Delaroche* 77; *Dictionary of Gardening* 94; *Sammes Britannia 1676:* 134; *Alonzo Chappel* 144.
Format Photographers: *Stephanie Henry* 30; *Brenda Prince* 52; *Jacky Chapman* 100; *Maggie Murray* 201; *Meryl Levin* 214.
Sygma: 81, 83, 126, 194; *G. Giansanti* 41, 162; *Greg Lovett/Palm Beach Post* 50; *Regis Bossu* 54, 84, 108; *Paul Morse* 47; *J. Langevin* 66, 67, 68; *S. Compoint* 69; *David Brauchli* 48; *F. Darmigny* 74; *Franco Origlia* 189; *Antoine Gyori* 86; *R. Maiman* 111; *Maimi Herald 122; M. Elkoussy,* 145, 145; *B. Bisson* 148, 173; *Patrick Durand* 155; *D.Kuroda* 78; *John Hillelson Agency* 191; *Les Stone* 193, 197; *Paul X Scott* 195; *P. Le Segretain* 207.
Salon De Provence, Maison De Nostradamus: 222.
Survival Anglia: 188.
Color Library Roses: 159.
Magnum Photos: *Susan Miselas* 39; *David Hurn* 42; *Eli Reed/John Hillelson Agency* 65; *Bruno Barbey* 70; *Abbas* 85; *Pinkhassov* 87, 89; *H. Kubota* 90; *Hiroji Kubota* 92; *Stuart Franklin* 104; *T. Hoepker* 109, 117; *Steve Mccurry* 192.
Hulton Deutsch: 60, 76, 200, 203; *The Bettman Archive* 184.
Frank Spooner Pictures: *Gamma* 128, 131.
Museum of London: 202, 202.
The Advertising Archive: *Family Planning* 215.
Metropolitan Museum of Art: *Michael Friedsam Collection* 73.
British Library: 7, 21.
Bruno Kortenhorst: 178.
Rex Features: *Sipa-Press* 152.
Alpha: 204. *Dave Chancellor* 206.
BFI Stills / Posters & Designs: 62.
Associated Press / Topham: *S Kralj/Str.* 103.
Osho International Foundation: 57, 175, 180, 181, 182, 183.
Moonrunner / A. J. Kolpa: 55, 106, 114, 119, 132, 137, 198.
Moonrunner: 40, 127, 154, 157.

Horoskope:
Astro Intelligence/Astrodienst/Dr. Liz Greene/Moonrunner/A. J. Kolpa: 88, 107, 133, 136, 139, 142, 150, 151, 165, 186, 208, 210, 211.

Quellennachweis: Horoskope

The Astrology of America's Destiny, Vintage Books, Dane Rudhyar: USA.
Mundane Astrology, Aquarian Press, 1984, M. Baigent, N. Campion & C. Harvey:
Republik Italien; Vereinigtes Königreich; EWG; England (Krönung Wilhems des Eroberers).
Astrodienst Zürich: DDR; Öffnung der Berliner Mauer.
Fowler's Compendium of Nativities, Jadwiga M. Harrison: C. G. Jung.
The Book of World Horoscopes:
Vatikanstaat; Libyen; Warschauer Pakt; Schweiz („Ewiger Bund").
Wirtschaftliche Perspektiven kosmischer und astrologischer Zyklen 1990–1995, Hans Gerhard Lenz: Schweizer Franken.

Textnachweise:

Seite 12 – Aus „NOSTRADAMUS AND HIS PROPHECIES" von Edgar Leoni. Copyright © 1961 by Edgar Leoni (ursprünglich unter dem Titel *„Nostradamus: Life and Literature"* veröffentlicht), Bell Publishing Company, New York, 1982.

Seite 65 – Aus „BOOK OF THE HOPI" von Frank Waters. Copyright © 1963 by Frank Waters. Mit freundlicher Genehmigung von Viking Penguin, a division of Penguin Books USA Inc.

Seite 72 – Aus „STEFAN GEORGE. SÄMTLICHE WERKE IN 18 BÄNDEN". Hrsg. von der Stefan George-Stiftung, Stuttgart. Band 6/7: Der Siebente Ring. Bearb. von Ute Oelmann. Klett-Cotta, Stuttgart 1986.